산성 할아버지의
뿌리 이야기

지은이 천명일

경북 문경에서 태어나 산성 할아버지로 잘 알려진 설원 선생은 한학자로, 불교경전 연구가로, 또 고대전통침구학자로 많은 활동을 하고 있다.

부산 說園, 불교대학, 부산 국군통합병원 등에서 강의하였고, 부산 불교경전연구원장을 역임하였다.

최근 T-broad 케이블 TV에서 〈산성 할아버지의 신사고 한문이야기〉의 방송강연을 통해 한문을 보는 새로운 지견을 제시하여 방송가의 화제가 되기도 하였다.

월드이벤트와 새로넷에서 〈산성 할아버지의 우리 민속 이야기〉, 〈도덕경 노자의 길〉을 주제로 방송 출연하였으며, 하우교육방송에서 〈산성 할아버지의 신사고 한문이야기〉를 재방영하였고, 〈산성 할아버지의 사람이야기〉를 방영하였다.

또한 설원 선생은 우리나라 고대 전통침구학의 최고 전문가로서 연구 저서인 『신침입문』은 심령의학적인 측면에서 혈명 명해론을 근간으로 침구학뿐만 아니라 의학계에 새로운 지평을 열었다는 평가를 받고 있으며, 대학에서 침구학을 공부하는 후학들에게 침술의학의 새로운 이정표가 되고 있다.

저서로 『산성 할아버지의 이야기 천자문』『절로 가는 길』『수능엄경(상중하)』『천수경』『원각경』『무량의경』『漢文을 바로알자』『배꼽밑에 지혜의 등불을 밝혀라』『일체유심조』『마음이나 알자』『가지산 이야기』 등이 있다.

산성할아버지의
뿌리 이야기

초판 1쇄 발행 2022년 10월 30일

지은이 | 천명일
펴낸이 | 이의성

펴낸곳 | 지혜의나무
등록번호 | 제1-2492호
주소 | 서울시 종로구 관훈동 198-16 남도빌딩 3층
전화 | (02)730-2211 팩스 | (02)730-2210

ⓒ천명일

ISBN 979-11-85062-43-3 (03170)

* 잘못된 책은 바꾸어 드립니다.

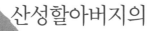

산성할아버지의

뿌리 이야기

천명일 지음

지혜의나무

보금자리

지식으로 어리석음의 가시덩굴에서
벗어난 자들이여

지혜로써 지식의 괴로운 굴레에서
도망친 현자들이여

아, 보라!

여기에 지혜가 잠든
신비로운 침묵의 보금자리 있노라

목차

삶의 춤

나는 부질없는
행과 불행엔 관심이 없노라

다만
종과 같은 마음으로
자연을 사랑하고
삶의 공간을 정결히 하니

저절로 몸과 마음에
빛나는 슬기와
더없이 향기로운
평화가 가득하네요

마음의 고향

일하고 배고파 밥을 먹으니
밥맛이 좋고
무심히 앉았다 일어나 물을 마시니
물맛이 새롭구나

외떨어져 살아도
문 두드리는 사람 많고
부처님 모시고 사노니
근심 걱정 없어라

산방에 홀로 앉아 낙동강 바라보니
만리 청산이 품어 안기고
산새소리 차량소리 노상 들어도
듣고 보는 그 가운데 평안이 있네

서문

세상은 참으로 묘합니다.

본디 묘할 묘妙 자를 얘기할 때는, 너무나 깊고 멀어서 알 수가 없는 지극한 경지를 묘妙라 합니다. 그러므로 묘妙 자의 철리는 입자분粒子分의 -18승에 있는 마음摩陰을 뜻합니다. 필자가 이렇게 깊고 아득한 먼 얘기를 하자고 묘妙하다고 한 말은 결코 아닙니다.

진리眞理는 안과 밖이 없습니다. 그래서 진실眞實한 진리眞理는 누구나 늘 자기와 함께합니다. 그러므로 누구나 늘 환히 다 봅니다.

그런데 문제는, 까맣게 생각도 못해 보고 살고 있을 뿐입니다. 이 책은 모두가 생각지도 못하고 사는 이 진리를 새롭게 귀띔해 주고자 하는 얘기들입니다.

그 좋은 실례로는 한문漢文입니다. 한문漢文은 동이족의 글입니다. 그런데도 동이족은 한문漢文을 모릅니다. 한문漢文도 모르는데 어떻게 우리말을 알겠습니까?

순수 우리말이란 국어는 한문의 초성인 의미를 뜻하는 의성意聲과 무량의를 뜻하는 두문頭文인 의음義音으로 되어 있습니다. 이를 이두문吏頭文이라 합니다.

지구촌에는 수많은 음성문자音聲文字가 있습니다.

우리 한글도 같은 맥락입니다. 이 같은 음성문자들에는 한문처럼 사람의 목숨과 같은 생명성인 영혼이 없습니다.

영혼이 없다고 하는 말은 한글과 같은 음성문자에는 의미도 철리인 뜻도 없다는 말입니다. 그래서 소리 나는 대로 쓰는 문자 한글에는 초성初聲으로 읽는 의성意聲이 없고, 무량한 철리哲理를 읽는 의음義音인 두문頭文이 없습니다. 다만 저 불가사의한 한문漢文만은 문자를 처음으로 읽는 초성인 의성意聲이 있고, 무량한 철리哲理를 읽는 의음義音인 두문頭文이 별도로 있습니다. 이 뜻을 신라 때 설총 선생薛聰先生은 이두문吏頭文이라고 잘 밝혀 두셨습니다.

그런데 어째서 오늘날 한국은 제 나라 문자인 한문漢文을 버리고 제 나라 말인 국어도 제대로 모르게 되었을까요?

한문漢文이 제 조상의 글인 줄도 모르다 보니 설총 선생이 밝혀 두신 이두문吏頭文도 모릅니다.

쉬운 예로서 사람의 양 팔에 달린 '손'이란 말도 한문漢文의 손 수手 자에서 의성意聲만을 따서 '손'이라 했습니다. 그리고 혹 인사말로 "수고手苦들 하십니다"라고 했을 때 수고手苦란 말은 손 수手 자와 괴로울 고苦 자에서 의음義音인 두문頭文만을 빌어서 "수고手苦하십니다"라고 말합니다.

우리말은 모두가 이렇게 의성意聲과 의음義音으로 된 언어입니다. 그런데도 이 나라 깨알같이 많은 대학의 수많은 박사들은 도무지 뿌리 없는 지식을 언제까지 후학들에게 주시렵니까?

실제로 온 세계만방에서는 지금도 주일週日을 항상 금쪽같이 쓰고들 있습니다. 그런데도 저 주일週日의 철리가 음양오행陰陽五行인 줄도 모릅니다.

이 같은 답답이들에게 선각자들의 지혜를 일러준들 무엇 할까 하는 생각도 듭니다. 그래도 세상에는 근본 뿌리를 옳게 알고 옳게 살고자 하는 지혜로운 사람도 있습니다. 그래서 저 극소수의 지성들을 위하여 만법의 근본 뿌리가 되고 있는 이야기를 기록해 두렵니다.

안녕

산성 할아버지 올림

말하는 동산 설원說園

말 많은 세상을
말세라 합니다.

말 많은
말세의 병을
치료하는 명약은
명상冥想입니다.

수다스러운
자기의 심신心身을 보는
침묵하는 명상만이
만생의 고뇌를 제거합니다.

인류의 고통과 재앙을

소멸시키는

저~ 절대 진리의

신비로운

침묵의 길을 설하는 이곳을

설원說園이라 합니다.

1

이두문吏頭文

한문漢文을 왜 이두문吏頭文이라 했느냐 하면, 한문漢文에는 무량한 의미를 초성初聲으로 읽는 의성意聲이 있고, 무량한 철리哲理를 독송讀誦하거나 암송暗誦하는 의음義音인 두문頭文이 별도로 있기 때문입니다.

　그래서 한자를 국어로 쓰고 있는 저 중국이나 일본도 동이족처럼 천天 자를 보고 '하늘 천'이라고 읽지 못합니다. 그냥 천天 자의 두문頭文만 빌려서 '텐'이나 '덴'이라 합니다.

　하지만 10억 년 전부터 인도 72음계를 가진 산스크리

트어 문화로 빚어진 동이족의 머리로 만들어진 한자漢字에는 이렇게 무량한 의미를 읽는 초성初聲이 있고, 또 무량한 철리를 별도로 외우는 두문頭文이 있습니다. 그래서 한학漢學 공부를 잘 하게 되면 저절로 마음摩陰 너머에 있는 밝은 각성覺性이 열립니다.

저 신라 때 설총 선생은 동이족의 글인 한문漢文을 깨달음이 열리는 각성覺性이 있다는 뜻으로 이두문吏頭文이라 했습니다.

불가사의한 한문漢文은 참으로 특별합니다. 왜냐면 지구촌 영물인 인간만이 소유한 마음으로 느끼고 생각하고 깨닫는 각성을 한문漢文의 문자文字에다가 가득히 입력시켜 놓고 있기 때문입니다.

그래서 한자를 회의문자會意文字라 합니다.

한문漢文은 회의문자會意文字가 되고 있기 때문에 한문漢文의 글자에는 다양한 의미를 가진 부호가 몇 개씩

붙어서 한 글자를 구성하고 있습니다.

뿐만 아니라 한문漢文의 문자文字에는 의식을 확장시켜 주는 철리哲理가 별도로 또 있습니다. 그 철리를 의음義音이라 하고 이 의음을 두문頭文이라 합니다. 그러므로 의음義音인 두문頭文을 열심히 외우기만 해도 저절로 아둔한 무의식이 활짝 열립니다.

한문漢文의 의음義音인 두문頭文은 마치 저 히말라야 일대에서 크게 받들어지는 밀교의 주문呪文과 같이 불가사의한 신비력이 있습니다. 그래서 두문頭文인 문장만 암송을 많이 해도 육근六根(안·이·비·설·신·의)이 하나같이 통일장이 되는 육신통이 열립니다.

지금 우리들이 소리 나는 대로 쓰고 있는 음서音書는 만고에 쓰기가 편해서 좋습니다. 그러나 의식을 확장해 주는 깨달음은 있지 않습니다. 그 까닭은 사념 망상은 마음대로 기록이 되지만 영감을 줄 수 있는 뜻이라 하는 각성覺性이 전연 없기 때문입니다.

우리 한글과 더불어 저 숱한 음서音書들은 모두가 구

강상형문자口腔象形文字입니다. 그러므로 문자에는 어떠한 의미도 없고 특별난 철리가 실리지도 않습니다. 그저 발음만 되는 자음子音과 모음母音이 서로 붙어서 한 단어가 되었을 때에만 그 단어에 무량한 생각이 담겨집니다. 그렇기 때문에 중생들이 생각하는 의사가 쉽게 전달될 수 있습니다. 그러나 음서音書에는 한문漢文처럼 무량한 의미의 의意와 무량한 철리의 의義가 전연 없습니다.

그래서 한문漢文은 공부하는 학습學習 요령부터가 특별합니다.

첫째로 문자의 의미를 반드시 의성意聲으로 읽어야 하고, 또 그 문자의 두문頭文인 의음義音을 문장文章으로 줄줄 외워야 합니다. 그렇게 읽고 외우고 나서 반드시 그 문장의 의미와 무량한 뜻을 우리말로 줄줄 해설해야 합니다.

이렇게 공부를 하노라면 홀연히 번뇌로 온 식심이 꿈처럼 사라지고, 뜻밖에 혜안慧眼이라고 이름 하는 불가사의한 각성의 눈이 열립니다.

그래서 필자는 학창시절에 선생님들이 언제 시험을 본다고 예고를 하시면 그 선생님들이 앞으로 내어 놓으실 시험 문제가 이 육신의 눈이 아닌 신비로운 혜안으로 다 보였습니다.

필자는 더 이상 선생님들을 속이기가 싫었습니다. 그래서 중학교 2학년 2학기 때 학교를 그만두었습니다.

고래로부터 교육은 본래 몸은 학자답게 바르게 하고, 식심을 벗어던지고 저 밝은 각성覺性을 확장擴張시키는 데에 그 목적이 있습니다.

알라,

마음의 속성은 분명히 깨닫고 아는 의식계意識界가 별도로 있고, 요리조리 생각을 굴리는 잠재의식계潛在意識界가 또 별도로 있으며, 또 잠을 자는 무의식계無意識界가 별도로 분명히 있습니다.

그러므로 학습의 요령은 한학처럼 반드시 독경을 하는 읽기가 있어야 하고, 또 반드시 그 문장을 글자로 쓰는 서예로 잠재의식계를 바로잡아야 하며, 또 반드시 그 문장들을 줄줄 외우게 함으로써 무의식계를 빛나는 각성覺性의 세계로 몰입시켜야만 합니다.

그런데 작금의 교육은 어떻습니까? 성인들이 사람을 시험하지 말라는 시험지옥을 만들어 가지고 돈벌이를 위한 교육을 하고들 있지 않습니까?

선생이나 학자들의 머릿속이 이 모양들이다 보니 오늘날 절대 다수의 선생도 학생도 모두 주의력 결핍증에다가 인성장애人性障碍를 앓고 있습니다. 說圖

2
한문육서漢文六書 이야기

고대 중국의 허신許愼 선생님은 방대한 한문백과사전漢文百科事典을 만들어 놓았습니다. 이를 자전字典이라 합니다.

저 자전字典에는 무려 9,353자나 되는 한자漢字의 자자字字마다 각별한 무량한 뜻을 잘 정리해 두었습니다. 바로 그 자전字典에 보면 한문漢文이 만들어질 때의 문자구성文字構成 내용을 한문육서漢文六書라 했습니다.

그 한문육서漢文六書의 내용을 필자가 좀 알기 쉽게 다시 정리해 보겠습니다.

첫째는 상형문자象形文字라 했습니다.

왜 형상 상狀 자가 아닌 코끼리 상象 자를 써서 상형
문자象形文字라 했느냐 하면, 코끼리는 축생 중에서 사람
다음으로 육감六感이 가장 뛰어난 짐승이기 때문입니
다. 그래서 자신의 친족을 알뿐더러 자신이 언제쯤 죽
는지 그 날짜까지 안다고 합니다.

이와 마찬가지로 한문漢文에는 사람의 식심識心인 육
식六識(안·이·비·설·신·의식)과 느끼는 육감六感(시감각·후
감각·청감각·맛감각·촉감각·의감각)과 이 모두를 두루 다 깨
닫고 아는 각성覺性까지도 그 문자에 다 기록되어 있습
니다.

그 내용들은 글자 자체의 모양에도 있지만 의성意聲
과 의음義音인 두문頭文으로도 설명이 잘 되어 있습니다.
그래서 한문漢文의 글자들을 보면 세상 만물의 형상을
그대로 본떠서 글자가 만들어져 있기도 합니다.

그리고 영적으로는 깨닫고 아는 각성覺性의 신비를

글자를 만들고 있는 문자文字의 부호符號에 무량의無量義로 설명이 잘 되어 있습니다.

예를 들어 만물의 형상形相으로 뫼 산山 자를 보면 실제 산을 그대로 닮아 있습니다. 그리고 영적으로는 신령 영靈 자를 잘 보면 두부는 사람의 얼굴을 하고 있으며, 하부는 결가부좌를 하고 앉은 불상佛像을 그대로 닮고 있습니다.

그래서 글자의 형상을 잘 보면 신령의 뜻이 무엇인가를 글자 자체가 설명하고 있습니다.

두 번째는 지사문자指事文字라 했습니다.

한문漢文은 글자 자체字體가 세상 만상에 있는 사실을 그대로 가리키는 글자가 되기도 합니다. 그 좋은 예로는 위 상上 자와 아래 하下 자와 같은 경우입니다.

그러나 보다 더 높은 뜻은 따로 있습니다. 그 좋은 예의 지사문자指事文字로는 배울 학學 자와 깨달을 각覺 자의 경우입니다.

학學과 각覺

　두 문자의 두부를 보면 사람의 두뇌의 구조를 그대로 해부해 놓은 듯한 모양새입니다. 학學 자나 각覺 자의 두부의 문양을 잘 보세요. 흡사 사람의 두뇌를 그대로 해부해 놓은 듯합니다.

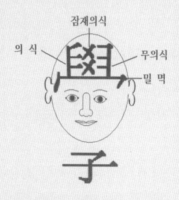

　실제로 사람의 두뇌를 해부해 보면 좌뇌와 중뇌中腦, 간뇌間腦와 우뇌로 되어 있습니다.

　그리고 저 간뇌와 중뇌가 전후좌우 상하로 학學 자나 각覺 자의 중간에 있는 육효六爻 효爻 자와 같이 묘하게 교감을 잘 시켜 놓고 있습니다.

그러므로 사람은 육효 효爻 자와 같이 중뇌와 간뇌가 묘하게 교감이 잘 되어 있으므로 생각하는 사유도 무량하게 자유롭고 전신의 운동도 자유롭습니다.

바로 저 학學 자나 각覺 자의 두부 밑에 있는 밀 멱冖 자는 뇌신경계를 싹 밀어 버렸다는 뜻입니다.

깨달음을 얻은 사람의 의식구조도 꼭 그와 마찬가지입니다. 두뇌를 싹 밀어버렸다는 뜻으로 두부 밑에다가 밀 멱冖 자를 쓰고, 그 밑에다가 아들 자子 자를 쓰고 있습니다.

저 밀 멱冖 자 밑에 아들 자子 자를 쓴 뜻은, 하나의 마음을 싹 밀어 버렸으므로 일체를 다 요달했다는 뜻입니다.

저 아들 자子 자를 파자로 풀어보면 정확한 답이 나옵니다.

무엇을 밀어(一) 버렸는가?

하나(一)의 마음인 식심을 말끔히 다 청소해 버렸다는 뜻입니다. 그 의미로 한 일一 자 중간에다가 요달할 요了 자를 써 넣은 문자가 바로 아들 자子 자입니다.

그러므로 동양의 성자들에겐 모두 자子가 붙습니다. 노자老子, 공자孔子, 장자莊子와 그리고 불교佛敎 집안에는 사리자舍利子, 부루나미다라니자子, 수보리 존자 등입니다.

세 번째로는 회의문자會意文字라 했습니다.

한문漢文 글자에는 부수部數라 해서 한 글자에 여러 개의 부호인 획이 붙어서 한 글자가 되고 있습니다.

또 그 문자의 획수를 주역周易의 수리數理로 풀어서 보는 역학易學이 별도로 있습니다.

각설하고,

한자漢字로 되어 있는 문장의 뜻을 제대로 알고자 하면 반드시 그 문자가 가지고 있는 글자를 파자로 풀어서 이해를 얻어야만 합니다. 그래야 그 문자와 그 문장이 지니고 있는 무량한 의미(無量意)와 무량한 철리(無量義)를 다 알 수 있습니다.

네 번째는 형성문자形聲文字라 합니다.

한학漢學은 반드시 소리를 내어서 읽고 외우는 독송讀誦이 있고, 문장文章의 가락을 읊는 시가詩歌도 있습니다.

그러므로 한문漢文은 형성문자形聲文字가 되고 있습니다.

뿐만 아니라 한문漢文은 문자의 모양에 따라서 독특한 의성意聲과 의음義音이 별도로 있습니다. 그것은 문자의 자상字相에 따라서 토성吐聲의 발성發聲과 흡음吸音의 발음發音이 각별합니다.

좋은 예로 그늘 음陰 자의 경우는 분명 숨을 들이쉬는 흡음吸音으로 음陰이라 해야 옳은 발음이 됩니다. 그리고 또 빛 양陽 자의 경우는 분명 숨을 토하는 토성吐聲으로 양陽이라 해야만 옳은 발성이 됩니다.

또한 사람이 동물의 소리를 흉내낼 때는 분명히 흡음吸音으로 흉내내어야만 짐승의 소리와 흡사합니다.

이와 같은 문자의 발음과 발성의 뜻을 형성문자形聲文字라 했습니다.

앞에서 한문은 의미를 읽는 의성意聲인 초성初聲이 있고, 또 그 문자의 무량한 철리哲理를 읽는 두문頭文인 의음義音이 별도로 있다고 했습니다.

실례로서 천天 자를 보고 "하늘 천" 했을 때 '하늘'은 초성初聲으로 읽는 의성意聲이고, '천'은 두문頭文으로서 의음義音이 됩니다. 이와 같은 형성문形聲文의 뜻을 알고 제대로 밝히신 분은 신라 때 설총 선생입니다. 설총 선생은 이를 이두문吏頭文이라 하셨습니다.

다섯 번째는 전주문傳注文이라 했습니다.

전주문傳注文이란? 간단히 말하면 문자의 뜻을 다른 의미로도 응용이 가능한 문자를 전주문傳注文이라 했습니다.

그래서 어떤 문자나 그 문장의 문맥을 다른 의미로도 다양하게 응용이 가능한 문자란 뜻으로 전주문傳注文이라 했습니다.

좋은 예로서 저 『삼국유사三國遺事』 「웅호설熊虎說」에 나오는 곰(熊)이 낳았다고 하는 단군檀君 할아버지의 유훈遺訓인 시구詩句가 그것입니다.

世事熊熊思 ‥ 세상사를 곰곰이 생각해 보니

萬事虎虎時 ‥ 만사 호락호락 하지를 말고

言何草草爲 ‥ 어찌 말이라고 함부로 풀풀이 하겠는가

心可花花守 ‥ 마음을 가히 꼿꼿이 하여

人皆弓弓去 ‥ 남들은 제멋대로 활활 살아가지만

我獨矢矢來 ‥ 내 홀로 살살 살펴 가리라

이 문장을 잘 생각해 보세요. 바로 이것이 전주문轉注文의 깊은 뜻입니다.

곰 웅雄 자 두 개를 곰곰이로 풀었으며,

범 호虎 자 두 개를 호락호락으로 풀었으며,

풀 초草 자 두 개를 풀풀이로 풀었습니다.

꽃 화花 자 두 개를 꼿꼿이로 풀었으며,

활 궁弓 자 두 개를 활활로 풀었으며,

화살 시矢 자 두 개를 살살로 풀었습니다.

이것이 한문육서漢文六書에서 말하고 있는 전주문轉注文의 좋은 사례입니다.

여섯 번째 가차문假借文이라 했습니다.

가차문假借文이란, 짐짓 빌려서 쓰는 문자란 뜻입니다.

그 좋은 예로는 한문의 의성意聲이나 의음義音을 외래어로 빌려서 쓰는 경우입니다. 프랑스를 불란서佛蘭西, 잉글랜드를 영국英國, 아메리카를 미국美國, 이탈리아를 이태리伊太利로 쓰는 경우 등입니다.

그러나 보다 더 높고 깊은 뜻은 따로 있습니다.

조선시대를 연 이성계 장군의 스승이신 무학대사無學大師를 그 누구보다도 가장 미워했던 조선의 충신은 정도전鄭道傳입니다.

무학대사無學大師는 푸를 창蒼 자를 써서 창경궁蒼慶宮이나 창덕궁蒼德宮이란 궁궐명을 지었는데, 이 이름에서 창蒼 자를 대사大師는 가차문假借文의 철리로 조선 역사歷史의 운명이 28대에서 끝난다는 뜻으로 썼던 것입니다.

정도전이 저 창蒼 자를 파자로 풀어 보았는데, 스물

입卄 자 밑에 사람 인人 자로, 이 사람 인人 자는 가차문으로 팔八 자로도 봅니다. 그 밑에 임금 군君 자가 붙어 있으니 28군君이 됩니다. 이같이 불길한 운명철학이 창蒼 자에 있음을 알고는 정도전이 벼락같이 푸를 창蒼 자를 창성할 창昌 자로 바꿔 놓았습니다. 하지만 무학대사의 예시대로 조선왕조는 28대에서 끝났습니다.

아, 보라.
이래도 한문漢文을 제대로 모르고서 학자연學者然 할 수가 있을까요? 說窒

3
마음의 생원과 음양오행陰陽五行의 생기설生起說

마음摩陰의 생원설生原說이나 음양오행陰陽五行의 생기
설生起說은 이미 우주 대자연이 제대로 잘 설명하고 있
습니다.

　그것은 일체가 다 마음摩陰이 제 스스로 창조해 놓았
기 때문입니다.

　그러므로 마음을 알면 우주 대자연을 알고, 우주 대
자연의 섭리를 알면 마음의 삼성이 빚어낸 음양오행을
왜 모르겠습니까?

　이를 설명함에 있어 일찍이 필자는 선각자들이 잘 밝

혀 두신 변증법이라고도 말하는 의미 유추의 논리학의 도움을 많이 받았습니다.

부산에 '영광도서'라 하면 참으로 아름답고 존경할 만한 미남 미녀 부부가 만든 장한 정신문화의 공간입니다.

필자가 어느 날 영광도서 서점을 잠깐 들렀습니다. 때마침 어느 고객 한 분이 자기 친구들과 둘러서서 필자가 펴낸 책에 대해서 서평하는데, "천 선생님의 글은 너무 의미유추의 추상이 심하다."라고 하는 말소리가 들렸습니다.

그 소리를 듣는 순간 필자의 머릿속에서 그들에게 즉답을 했습니다.

"이 친구야, 세상 만상에 무엇 하나 의미유추의 논리학이 아닌 것이 혹 있다면 나에게 좀 가르쳐 주시게나."

그리고는 못 본 체 못 들은 체 하고는 돌아왔습니다.

저 높은 하늘이 언제 나는 '하늘이요' 했을까?

이 땅덩이가 언제 나는 '땅이요' 했을까?

저 허공을 끝없이 돌고 도는 해와 달은 언제 어느 때 나는 '해요', '달이요'라고 했을까?

사랑하는 독자님들이여, 말 없는 자의 말은 모두가 그대와 내가 물어 씹어 놓은 의미유추의 사념 망상들입니다. 그런 줄이나 알고 의미유추의 논리학으로 또 들어가 봅시다.

찬란한 저녁노을은 마음의 생원설

하루 종일 천하를 환하게 두루 밝히고 있던 밝은 태양이 서서히 서산으로 넘어가고 있습니다. 이윽고 밝은 태양은 서산으로 넘어갔지만 황홀타 못해 찬란한 저녁노을이 여전히 서천에 가득 합니다. 이 같은 노을은 누구나 많이 보아 왔을 것입니다.

바로 저 저녁노을이 일어나고 있는 이치와 우리들 마음이 생기게 된 것이 그 이치로는 똑같다는 애기를 하고자 합니다.

우리들의 내면에는 저 태양의 빛보다도 십조 배나 더 밝은 청정묘각淸淨妙覺의 빛이 있습니다. 그 빛을 각성覺性이라 합니다. 저 묘각妙覺의 빛 각성覺性의 그 여명이 곧 우리들이 항상 쓰고 사는 마음摩陰입니다.

온 세상을 환히 밝히던 태양은 이미 서산으로 넘어갔지만 그 태양 빛의 여명으로 온 천지가 한시적으로나마

황홀하다 못해 서서히 밝은 노을은 삼단계로 점차로 변이되어 집니다.

이렇게 삼단계로 변화되어 가는 저 노을의 자연현상과 똑같은 이치로 묘각妙覺의 빛 각성覺性의 여명인 마음摩陰에도 똑같은 이치로 세 차원의 속성이 생기게 되었습니다.

저 노을이 서서히 삼단계로 변화되어 가는 현상을 잘 보면 처음에는 눈이 부시게 황홀하게 밝다가 점차로 어두침침해집니다. 그러다가 마침내 캄캄해집니다.

바로 저 노을의 삼단 변이되는 현상과 마음의 속성 세 개가 생기게 된 이치는 너무나 동일합니다.

어떻게 동일한가 하면,

노을이 생기면서 황홀히 밝은 영역은 마음의 속성 가운데서는 잠을 깬 상태와 같은 의식계意識系가 되었습니다.

그리고 서서히 어둑한 편은 이쪽저쪽을 생각해 보는 중성의 잠재의식계潛在意識系가 되었습니다.

마침내 캄캄한 영역은 잠결과 같은 무의식계無意識系가 되었습니다.

바로 이 마음摩陰의 삼성三性(意識, 潛在意識, 無意識)이 일체 만법을 다 창조해 내는 창조주가 되고 있습니다.

이렇게 마음의 생원을 저 노을의 생리에다 대비시켜서 풀어본 의미유추의 논리학論理學이 지금 필자가 말하는 마음의 생원설입니다.

바로 이 마음摩陰의 삼성三性이 고요히 부동한 편으로는 저 무변허공계가 되었습니다.
그리고 저 마음摩陰의 삼성三性이 정반합을 하는 행위로 말미암아 일어난 엄청난 바람이 저 무변허공계를 광속성 나선형으로 동전動轉시키는 바람에 저 무량한 세계와 중생계가 불티 강산으로 펼쳐지게 되었습니다.

저 무변허공계가 돌게 되는 행위는 과연 어디로부터

생겼을까?

그 까닭은 마음속에서 밝은 의식은 양성陽性으로서 따뜻하여 온溫합니다. 그리고 무의식은 음성陰性으로서 차가워 냉冷합니다

그리고 중간자中間子와 같은 잠재의식은 음陰과 양陽 사이에서 양극을 서로 밀고 당기도록 간접작용을 합니다.

그래서 온溫한 의식과 냉冷한 무의식은 중간자인 잠재의식이 죽기 살기로 밀고 당기는 정반합正反合의 행위로 말미암아 고요히 부동하고 있던 저 무변허공계가 졸지에 광속성 나선형으로 동전動轉을 하게 되었습니다.

이렇게 동전이 되는 바람에 저 무변허공계에는 어마어마한 중력장重力場이 생기게 되었습니다.

저 어마어마한 중력장의 불가사의로 저 무변허공계가 공전을 하는 바람에 본래로 부동하고 있던 공간은

과거, 현재, 미래란 삼세三世로 돌게 되었고, 돌면서 삼세三世란 시간이 생기게 되었습니다.

　무변허공계 속에서 세계와 중생계는 끝없이 뒹굴고, 그러므로 삼세三世란 시간 속에서는 세계와 중생계가 뒹굴게 되었습니다.

　이렇게 시간의 삼세三世가 공간인 사방四方과 서로 교감(X:3×4=12)이 되면서 세계는 12시時로 돌아가게 되었고, 영적靈的인 중생계로는 12류중생十二類衆生이 시방세계에 두루 가득하게 되었습니다.

음양오행의 생기설生起說

음양陰陽은 마음摩陰의 삼성三性 중에서 무의식은 음陰이고 의식은 양陽입니다. 그리고 중성中性은 잠재의식입니다.

바로 저 잠재의식이 음陰과 양陽을 밀었다 당겼다 하는 바람에 저 무변허공계가 나선형 광속으로 돌게 되었습니다.

이렇게 도는 바람에 마음의 삼성도 허공계와 함께 돌게 되고, 함께 같이 돌면서 생긴 공색空色인 오색 무지개가 생겼습니다. 이를 오음五陰이라 합니다.

저 오음五陰의 그 첫 번째인 제1식第一識은 색음色陰으로 이 색음을 오행五行의 목木이라 합니다.

또 저 색음色陰을 받아들이는 제2식인 수음受陰이 생겼습니다. 이 수음受陰을 오행의 화火라 합니다.

저 받아들임이 있음으로써 제3식인 상음想陰이 생겼

습니다. 이 상음想陰을 오행의 토土라 합니다.

또 생각을 굴리는 제4식인 행음行陰이 생겼습니다. 이
행음行陰을 오행의 금金이라 합니다.

또 저 행음이 있음으로써 기망의 제5식인 식음識陰이
생기게 되었고, 이 식음識陰을 오행의 수水라 합니다.

바로 이것이 저 마음의 삼성三性이 빚어낸 식심의 오
음五陰인 음양오행입니다.

이와 같은 과정에서 저 고유한 음양오행이 지구촌에
생활의 도구로 존재하게 되었습니다.

바로 이 오음五陰의 오五는 숫자의 기본이 되고 오五
라는 수는 무량수의 기본이 되고 있으므로 기수基數라
합니다.

바로 이 식심識心인 오음五陰의 생기설은 음양오행의
생기설도 됩니다. 이렇게 마음摩陰이 일체를 다 창조하
였으므로 만법에 음양陰陽은 서로 상보相補를 합니다. 그리고 오행五行은 서로 상극相剋과 상생相生을 합니다.

이와 같이 일체 만법이 음양오행의 철리로 창조되어 있으므로 음양陰陽이 서로 상보相補함으로써 일체가 태어나게 되었고, 오행五行이 상극相剋과 상생相生을 함으로써 삼라만상이 조화의 꽃을 피워 내고 있습니다.

그러므로 음양가들은 반드시 기억해 두어야 합니다. 음양오행의 철리는 상보相補, 상극相剋, 상생相生이라고 말입니다.

이 같은 저 음양오행의 불가사의로 사람은 한문 대大 자(팔, 다리를 벌리고 서 있는 사람의 모습)와 같은 모양의 별표로 생겼고, 좌우로는 오행을 따라 손·발가락이 각각 다섯 개씩으로 잘 분류되어 있습니다.

그러므로 수학자數學者들은 꼭 알아야 합니다. 숫자를 꼭 무엇을 계산하는 산수算數로만 알지 말고 순수 우리 말로도 숫자를 읽을 줄 알아야 합니다.

예를 든다면, 하나(一) 하면 하나님이,

둘(二) 하면 둘러보시고,

셋(三) 하면 세상에,

넷(四) 하면 내려오셔서,

다섯(五) 하면 일체를 다 세우고,

여섯(六) 하면 열리고,

일곱(七) 하면 이루어지고,

여덟(八) 하면 두루 넓어지고,

아홉(九) 하면 구족해져서,

열(十) 하면 열고 나오네.

이렇게 숫자를 우리말 뜻으로도 생각을 해 보아야 합니다. 비록 말장난 같지만 저 동양철학의 교본이 되고 있는 하도락서河圖洛書와 주역周易은 모두가 숫자로 기록이 되어 있습니다.

그런데 그 숫자를 모두 순수 우리말로 다 풀어 가지고 국가의 국운도 그 주역으로 보고 사람의 운명運命도 그 주역으로 점을 칩니다. 이렇게 숫자를 순수 우리말로 보지 않고 만약에 영혼이 없는 고등수학의 물리로만 파고들면 반드시 미치고 말 것입니다.

그래서 5에서 5를 더해도 10(十)인 0이 되고, 또 그 5에서 5를 빼(-)도 역시 0이 됩니다.

이렇게 5五는 더하든 빼든 다 0이 됨으로 이를 십진법十進法이라 합니다. 왜냐하면 본디 영(0)은 부동하고 있는 허공을 뜻합니다. 그 허공이 동전動轉을 하게 되면 허공이 푸른색으로 보입니다. 이를 하나(一)라 했습니다. 이는 하나인 공空(0)과 색色(1)은 곧 한 몸이란 뜻입니다.

그래서 한문 글자로 하나를 표기를 할 때는 한 일一 자로 표기합니다. 그 까닭은 실제로 저 우주는 마이너스(-) 장場으로 되어 있기 때문입니다.

왜? 우주가 마이너스(-) 장으로 되어 있을까?

시방세계가 모두 마이너스(-)인 무중력장無重力場에

머물고 있기 때문입니다.

그것은 당연히 공空(0)이 동전動轉하면 색色(1)이 되고, 색(1)이 부동不動을 하면 역시 공(0)이 되기 때문에 자연히 무중력장無重力場이 됩니다.

지금 현대물리학의 큰 장벽은 영(0)과 일(1)입니다.

그 영(0)과 일(1)의 장벽은 다름 아닌 동動과 정靜입니다. 저 동動과 정靜의 신비를 알자면 반드시 물리학 박사들도 명상을 하는 구도자가 되어야만 합니다. 마음을 잠재우는 명상을 해보지 않고는 영(0)과 일(1)의 답을 찾을 수 없습니다. 생각을 굴리는 사념 망상 속에서는 영겁을 두고 영(0)과 일(1)의 답을 찾다가 다 미쳐 버립니다.

마음이 동動하면 무량수가 일어나고, 마음이 고요히 정靜하게 되면 저절로 무량수가 진공묘유眞空妙有로 돌아갑니다.

이와 같이 모든 숫자에 첫 수가 되고 있는 '하나'는 허공이 돌면서 생긴 '하나'입니다. 마음의 삼성이 돌면서 생긴 오색구름을 오음五陰이라 하고, 오음五陰은 곧 중생의 식심識心입니다.

그러므로 수학數學의 근본 뿌리는 본디 마음의 속성인 오음五陰이 되고 있습니다.

세존은 이 뜻을 '색즉시공 공즉시색色卽是空 空卽是色'이라 하시고 색色과 공空을 다 녹여 버리고 나면 진공묘유眞空妙有가 됨을 일찍이 밝혀 두셨습니다.

이렇게 하나(一)가 부동不動하면 곧 영(0)이요 영(0)이 동전動轉을 하면 곧 하나(一)가 되는 이 법도를 십진법十進法이라 합니다.

바로 이 십진법을 십여시十如是라 하고 십여시十如是인 십진법이 들고 나는 근본을 여래장如來藏이라 합니다.

수학박사들이여,

제발 답 없는 답을 찾으려 하지 말고, 찾고 말고 할 것도 없는 자기 자신을 전지전능하게 두루 다 깨닫고 두루 다 아는 자신의 각성覺性을 주시하고 사세요. 그렇게 각관覺觀을 하고 사노라면 그 어느 날 심각한 생사도 까불지 못하는 조건도 없는 행복의 영생안락永生安樂이 그대를 반겨 주리라. 說生

4

식심識心의 식識이 빚어낸 종성種姓 이야기

마음摩陰의 삼성三性이 빚어낸 식심識心이 광속성 나선형으로 돌면서 육감을 깨닫고 아는 식정識精을 자극함으로써 일체중생의 생명성生命性인 식성識性이 있게 되었습니다.

생명성인 식성識性이 없으면 아무런 감정도 없는 무정물無情物이 됩니다. 그러므로 식성識性이 있으면 유정물有情物이라 하고 식성이 없으면 무정물이라 합니다.

감정, 애정, 인정이라고 하는 의미의 정情은 모두 식성識性에서 비롯되고 있습니다.

그래서 지금 여기서는 식심識心에서 비롯된 생명성을

가진 식성의 차원이 어떻게 다른가를 밝혀 보려고 합니다.

마음의 삼성이 빚어낸 식심에서 발기한 식성 중에서
제1식은 식심의 번뇌 망상들이 습한 공기와 화합되면 세균이나 바이러스 같은 무량한 미생물의 생명성이 됩니다.

제2식은 식심識心 분열의 번뇌 망상이 습한 분진과 교감되면서 생긴 무량한 파충류의 생명성이 됩니다.

제3식은 식심 분열로 일어난 번뇌 망상이 습한 흙과 교감되면서 생기게 된 지렁이 같은 무량한 벌레들의 생명성입니다.

제4식은 식정識情의 감성感性이 물과 화합되면서 생기게 된 무량한 어류들의 영감입니다.

제5식은 식심識心의 성정이 아둔한 감성과 화합해서 생기게 된 무량한 축생들의 영혼입니다.

제6식은 마음摩陰으로 생각하는 상정想精과 식정識精의 감정이 서로 교감되면서 생기게 된 사람의 심성心性입니다.

그러므로 인간만이 식심識心이 있으므로 언어와 문자를 알고 과거와 현재와 미래를 압니다.

제7식은 각성覺性의 여명인 마음摩陰을 말합니다.

그래서 제7식이 열린 사람은 전생의 기억을 가지고 있으며, 이런 사람을 세상에서는 천재라 합니다. 전생에 익힌 습성이 있기 때문입니다. 그러나 각성을 보지 못한 일반 천재들은 보통 사춘기가 되면 대개는 보통 인간들이 가지고 있는 아둔한 식심識心으로 살다가 갑니다.

그래서 성 초월로 가는 월상관月想觀·일상관日想觀을

모두 익혀야 하겠기에 필자는 성 초월로 가는 『배꼽 밑에 지혜의 등불을 밝혀라』란 책을 이미 세상에 펴냈습니다.

그런데 저 세상의 무지한 교육 노무자들은 지금도 무슨 천재교육을 시킨다고 하면서 천재 학교를 만들어 놓고는 깨달음을 얻을 수 있는 천재들에게 골 아픈 주입식 교육을 시키고 있습니다.

천재교육은 지식 축적이 아닙니다. 별난 식심을 해맑은 각성으로 고요히 몰입시키는 명상입니다. 그런데 저 어리석은 교육자들은 부질없는 과학문명의 쓰레기인 고등수학으로 천재들의 맑은 각성을 지옥의 불구덩이로 만들고 있습니다. 제발 꿈 좀 깨이소.

제8식은 각성覺性의 여명인 함장식含藏識을 말합니다.

그래서 함장식含藏識이 조금 열린 사람은 나면서부터 제7식의 천재들이 가지고 있는 지식은 말할 것도 없고 밝은 식정識精의 정신력으로 시방세계를 마음대로 여행도 다닙니다.

제9식은 각성覺性의 빛인 진여식眞如識을 말합니다.

진여식眞如識이 열린 사람은·나면서부터 자신의 전생을 환히 다 봅니다. 세상의 학식學識은 듣고 보면 다 압니다. 그래서 이런 사람을 생이지지生而知之라 합니다.

제10식은 각자覺者들에게만 열려 있는 여래장식如來藏識입니다. 그래서 제10식이 열린 사람은 일체를 두루 다 깨닫고 두루 다 아는 원각묘심圓覺妙心인 여래장식如來藏識이 있습니다.

아, 보라.

저 묘각妙覺의 빛 각성覺性의 여명으로 생긴 저 마음摩陰은 위로는 제불세계도 만들고 밑으로는 삼악도三惡道도 다 창조를 합니다. 說主

5

예수님의 이야기

일찍이 아기 예수로 자라서 16세 때 고향을 떠나 구도자 생활을 하시던 예수님은 19세 때 세계의 지붕이라고 말하는 히말라야 산 서쪽 끝에 있는 신비의 나라 카슈미르에서 마침내 깨달음을 얻었습니다.

깨달음은 몸과 마음이 꿈 깨듯 사라지면서 빛나는 각성이 시방十方에 두루 가득함을 깨달음이라고 말합니다.

예수님은 19세 때 이렇게 경이로운 깨달음을 얻었습

니다. 깨달음을 성취하신 예수님은 20대에는 인도印度의 수많은 성역을 두루 다 답사하셨습니다.

그리고는 저 높은 히말라야 산 고원에 위치한 밀교국인 티베트까지도 가신 행적이 있습니다.

특히 밀교 국가인 티베트에는 주술로 득력을 얻은 기인들이 많습니다. 그들로부터 주술로 난치병을 치료하는 비법까지도 두루 습득하시고는 마침내 서른 살 때에 고향 땅 이스라엘로 돌아오셨던 것입니다.

고향으로 귀환하신 예수님은 곧바로 태초에 사람이었다란 뜻을 가진 전통 유대인의 종교인 유대교 교우들에게 초전법륜을 펼쳤습니다. 그 초전법륜은 다름아닌 자신의 가슴에다 십자가를 그리며 일러주신 말씀입니다. 이를 필자는 '십자가十字架의 묵시록默示錄'이라 합니다.

바로 이 '십자가의 묵시록'을 필자가 이 자리에서 자세히 밝혀 두려고 합니다. 왜냐하면, 지금도 저 로마 교황청은 예수님의 20대를 계속 숨기고만 있기 때문입니다. 그 이유는 극명합니다. 예수님도 인도의 석가 세존처럼 자신의 내면에 빛나고 있는 묘각妙覺의 빛을 보았다는 사실 하나 때문입니다.

세상에 이렇게 경이롭고 놀라운 위대한 업적은 누구나 입에 침이 마르도록 찬탄을 해도 무례가 될 수 없습니다. 이렇게 위대한 사실 하나 때문에 예수님의 20대는 온데간데없이 사라졌습니다.

그리고 그 두 번째가 귀향을 하여 교우들에게 가슴에 십자가를 그리며 일러주신 말씀입니다.

지금도 가톨릭의 성직자와 교도들은 예수님이 직접 보여주셨던 그 초전법륜을 그대로 신행하고 있습니다. 그렇게 신행의 요식으로 십자가의 묵시록을 엄숙히 시행하고 있으면서도 그 요식에 대한 유래나 해명이 전연 없습니다. 바로 이것이 기독교의 두 번째 십자가 묵시록十字架默示錄의 비밀입니다.

세 번째로는 "주여 왜 나를 버리시나이까?"입니다.

예부터 세상에도 숨기고 감추는 비밀은 다 있었습니다. 그러나 예수님의 행적에 관한 한 절대로 숨기고 감추면 아니 됩니다. 바로 이것이 예수교의 불가사의한 삼대의혹三大疑惑입니다. 숨기고 감추면서도 지금까지 신행을 그대로 잘 행하고 있습니다.

절대로 맹신과 맹목의 신념으로는 종교의 생명도 설 자리를 잃고 맙니다.

예수님은 20대에 이미 자신의 내면에 밝게 깨어 있는 묘각의 빛 각성을 보셨습니다. 그러므로 시방세계를 환히 다 보셨습니다. 이렇게 이미 예수님은 천안天眼과 혜안慧眼과 법안法眼을 두루 다 갖추시고 고향으로 돌아오셨던 것입니다.

고향 땅 흙을 밟고 동포들에게 들려주신 수화의 말씀이 곧 '십자가의 묵시록'입니다.

왜 예수님은 고향 동포들에게 눈으로 보여 주시고 귀로 들려 주셔야만 했을까요? 그 까닭은 모든 종교의 허구성 때문입니다.

고래로부터 모든 종교의 신행들을 보면 모두가 제 자신의 몸과 마음 밖에서 천국을 찾고, 있지도 않은 절대적 신을 찾고 있었습니다. 이 같은 종교의 무지를 깨우쳐 주고자 하신 목적에서 남긴 저 유명한 메시지가 곧 '십자가의 묵시록'입니다.

그래서 예수님께서는 귀향을 하시고는 곧바로 유대교인들이 보는 앞에서 한 손가락으로는 하늘을 가리키시며 말씀하시기를,

"만약 저 하늘에 천당이 있다면 공중을 나는 새가 먼저 천당을 보았을 것이고"

또 한 손가락으로 땅을 가리키시며,

"만약 저 땅속에 지옥이 있다면 땅속에 사는 땅 쥐가 먼저 지옥을 보았을 것이다."

그리고 다시 한 손가락으로 양쪽 가슴의 이쪽저쪽을 점지하며,

"어찌 신神이 이쪽저쪽에 계시겠는가?"

하시고는 또 한 손가락으로 가슴에 심장心臟을 점지

하고 나서 두 손으로 합장을 하시고는 "아멘"을 하셨던 것입니다.

'아멘'은 '참 나의 주님은 바로 여기에'라는 뜻입니다.

이렇게 수화로 보여 주시고 들려 주셨던 '십자가의 묵시록'의 참뜻은 그 이름이 하나님이든 신이든 깨달음의 부처님이든 간에 그 무엇도 밖에서는 찾지 말고 자신의 가슴을 들여다보라는 메시지인 것입니다.

모두 제 자신의 마음을 들여다보라는 형설의 수화가 바로 예수님의 '십자가의 묵시록'입니다.

필자가 예수님의 삼대 비밀을 조금도 두려움 없이 실토할 수 있는 불가사의한 영험담을 밝혀 둡니다.

필자는 20세 때 예수님을 친견했습니다. 예수님께서 친히 소생의 머리 위에다가 빛나는 면류관까지 씌워 주셨습니다. 그때의 불가사의한 영험의 경위를 자세히 설명해 보겠습니다.

지금의 부산 초량동 구봉성당 자리입니다.

천상의 악사들이 면류관을 찬양하는 찬송가를 연주하는 가운데서 천사들은 신비로운 광장을 빙빙 돌면서 두둥실 춤을 추고, 저 높은 천중천으로부터 눈부시게 밝은 광명이 쏟아져 내렸습니다.

저 눈부시게 밝은 그 광명장을 타고 예수님께서 한 손에 빛나는 면류관을 드시고는 홀연히 필자의 등 뒤에 서 계셨습니다.

뜻밖의 이적과 기적에 놀란 필자는 꼼짝도 않고 앉아만 있었습니다. 이미 필자의 등 뒤에 서 계시던 예수님은 그 빛나고 묵직한 면류관을 필자의 머리 위에다가 친히 씌워 주시어 나는 엄청난 감동에 그 면류관을 은밀히 좌우로 흔들어 보았습니다.

예수님은 아둔하고 미련한 필자를 그냥 내버려 두시고는 오셨던 저 천중천으로 광명장과 함께 홀연히 자취를 감추셨습니다.

저렇게도 위엄과 신통이 비길 데 없는 거룩하신 예수님을 필자는 꿈도 현실도 아닌, 세상의 사람으로는 상상을 못하는 초차원의 각성세계에서 직접 그렇게 친견했던 것입니다.

그렇게도 경이롭고 불가사의 신비로 가득했던 그 현장이 지금의 초량 구봉성당 자리입니다.

천상의 음악이 은은히 울려 퍼지는 가운데 저 천사들의 찬송가 마지막 가사의 멜로디에

"네 영혼아, 일어나 주님께 경배하여라."

하는 은밀한 소망의 메시지를 들으면서도 소생은 꼼짝도 않고 앉아만 있었습니다.

이 같은 불가사의한 영험이 필자에겐 일찍이 있었으므로 필자는 생을 두고 천금같이 소중한 예수님에게 숨겨진 비밀 세 가지를 겁 없이 세상에 널리 펴 왔습니다.

인류의 역사를 바꿔 놓은 위대한 예수님의 안타까운 저 세 가지 비밀이란?

첫째로 예수님께서 십자가十字架에서 남기신 말씀입니다.

"주여, 왜 나를 버리시나이까?"

라고 하신 말씀의 무량한 비밀을 필자는 이렇게 밝혀 두었습니다.

'그대가 진리의 몸이라 하는 법신法身인 허공신虛空身으로 돌아가지 않고서 저 허공계에 무량한 세계 중생들의 무량한 고뇌를 어찌 인간의 육신을 가지고 다 구제한단 말인가?'

라고 밝혀 놓았습니다.

두 번째가 '잃어버린 예수님의 이십대'입니다. 그 답은 이십대에 인도 카슈미르에서 깨달음을 얻고 인도를 두루 순례하신 시기였습니다.

세 번째가 '아멘'입니다.

'아멘'의 답은, '아'는 우주아를 뜻하고, '멘'은 소아인 나를 뜻합니다. 그러므로 '내 안에 참 나인 주님이 계신다'란 뜻이 아니겠습니까.

필자는 80년도에 부산 대연성당으로부터 초대를 받았습니다.

신부님과 수녀님으로부터 초대를 받은 초청강연의 주제는 다름 아닌 '잃어버린 예수님의 이십대'였습니다.

강연 초대를 받고는 많은 청중들이 운집한 가운데서 신神 내림을 받은 사람처럼 잃어버린 예수님의 이십대를 청산유수로 장광설을 폈습니다.

예수님은 19세 때에 인도 카슈미르에서 깨달음을 얻었습니다. 예수님이 깨달음을 얻은 너무나 경이롭고 신비스러운 그 환희의 절정을 필자가 만장한 청중들과 함께 두둥실 춤으로써 보였습니다.

필자가 재현해 보인 대해탈의 춤은 그 누구나 깨달음이 일어나면 자연히 몸과 마음이 연기처럼 사라지면서 무량한 평화와 자유와 행복의 환희가 충천을 합니다. 동시에 저 무변허공계도 광명장 속으로 어둠처럼 사라지고 새롭고 새로운 환희로 충만해집니다.

필자는 실제로 예수님이 된 사람처럼 스스로 일인

만역으로 깨달음의 절정을 춤으로 보였습니다. 만장한 청중들은 예수님을 실제로 친견이나 하고 있는 것처럼 너무나 놀랍고 새로운 정보에 놀라워 벌떡 일어나 우레와 같은 박수를 치고 감탄과 찬탄의 함성으로 대연성당은 진동을 하였습니다.

신뢰의 절정으로 가득한 대연성당은 잃어버린 예수님의 20대를 유감없이 모두 품어 안아 주었습니다.

세상에 알다가도 모를 숙제가 있다면 예수님의 20대입니다. 지금도 온 세계는 아기 예수가 세상에 나오신 예수님의 탄생일로 기록된 서기를 쓰고 있습니다.

그러므로 지구촌은 어디라 없이 심지어 촌구석 구석까지도 저 십자가가 무수하게 달려 있습니다.

그런데 어찌하여 잃어버린 예수님의 20대를 로마 교황청은 침묵을 하고 있는 겁니까?

이렇게도 가슴 아픈 잃어버린 예수님의 20대를 필자는 은유 묘사로 어사중간魚死中間이라 합니다.

어사중간魚死中間이란 무슨 뜻인가?

저 바다의 물고기가 붙잡혀 도마 위에 오르면 탕 탕 두어 번 칼로 도마를 치는 소리만 크게 들립니다. 그러면 다음 순간 그 물고기의 머리와 꽁지만이 칼도마 위에 그대로 남아 있습니다.

그렇다면 저 소중한 몸통은 어디로 갔을까요? 물론 칼로 친 아낙네의 식구들이 다 발라먹고 말았겠지요. 바로 이와 하나도 다를 바가 없는 신세가 예수님입니다.

예수님은 마치 여염집 아낙네가 탕 탕 두어 번 내리친 물고기의 신세와 똑같습니다.

그런데 말입니다. 참으로 놀라운 경사가 아니라 엄청난 사건이 있었습니다. 그 사건은 저 부산 대연성당의 정문 위에 나붙은 '천명일 법사 초청강연'이란 현수막입니다.

천만 다행이 될지 천만 불행이 될지는 두고 보아야할 문제이지만 하필이면 초청법사 천명일의 강의 제목이 '잃어버린 예수님의 20대'였습니다.

신부님이나 수녀님도, 그리고 수많은 형제자매님들도 필자가 펼친 새로운 정보에 깜짝 놀란 나머지 자신도 모르게 모두 함께 벌떡 일어나 벼락같이 박수를 치고, "감사합니다, 감사합니다"라고 하면서 모두 손에 손에 힘주어 절찬의 박수와 감탄의 탄성을 올리며 '잃어버린 예수님의 20대'를 오래 오래 꼭꼭 품어 안아 주었습니다.

부산 대연성당에서 필자가 청산유수로 쏟아 부은 열변과 일인 만역의 불가사의는 모두 예수님께서 친히 천상으로부터 내려오셔서 직접 필자의 머리 위에다가 씌워 주신 저 면류관의 위신 공덕력입니다. 그러므로 저 면류관은 다름 아닌 곧 성당입니다.

그래서 필자는 성당에 엎드려 잃어버린 예수님의 20대를 함께 꼭 믿어 주실 것을 간절히 기원합니다. 就生

6

내면의 빛을 본 그리스 철학자들

필자는 확실한 논거論據와 정확한 심증心證과 분명한 물증物證이 없으면 함부로 얘기를 하지 않습니다.

　이와 같은 앎을 다 갖추자면 우선 제 마음의 밑바탕에 빛나고 있는 태양의 십조 배나 더 밝은 묘각妙覺의 빛 각성覺性을 보아야 합니다.

　설령 묘각의 빛을 보지는 못했다 하더라도 이 같은 학설의 세 가지 조건을 꼭 갖추어야만 학자學者라 할 수가 있습니다.

　그래서 저 선가禪家에서는 묘각妙覺의 빛 각성覺性의 빛을 조금 보신 분들을 견성見性했다고 칭송을 합니다.

그런데 참으로 이상한 나라가 있습니다.

저 유럽의 그리스입니다. 그리스의 정치꾼들은 자기 자신의 내면에 깨어 있는 밝은 각성覺性을 조금이라도 보신 분들을 신神의 배신자라는 죄목으로 다 죽였습니다.

특히 서양 철학의 비조라 할 수가 있는 탈레스나 그분의 후학인 피타고라스와 소크라테스 같은 분은 분명히 자기 자신의 내면에 밝게 깨어 있는 각성覺性을 다 보신 분들입니다.

이렇게 자기 내면에 밝게 깨어 있는 각성覺性을 보신 분들을 일찍이 서양에서는 철학자哲學者라 했습니다.

왜 철학哲學이라 했을까?

그것은 자기 내면에 밝게 깨어 있는 불가사의한 묘각妙覺의 빛 각성覺性을 보았기 때문입니다. 그러므로 각성의 빛을 상징하는 밝을 철哲 자를 써서 철학자哲學者라 했습니다.

실제로 저 묘각의 빛은 말이나 한문이 아닌 음서로는 어떻게도 표현이 불가능합니다. 그래서 동양의 도가道家에서도 빛나는 각성을 확장시킨다는 뜻의 도道를 한마디로 언어도단言語道斷이라 했습니다.

더더욱 서양에는 묘각의 빛을 설명할 만한 단어 자체가 전무합니다. 그래서 불가불 밝음을 뜻하는 밝을 철哲 자로 묘각의 빛을 대변했다고 보입니다. 이 밝을 철哲 자를 파자로 풀어 보면 끊을 절折 자 밑에 입 구口 자를 쓰고 있습니다. 그러므로 철哲 자는 절折 구口란 뜻이 됩니다.

말하는 입을 꺾어 버렸다면 저절로 말을 못하니깐 동양에서 도道를 언어도단言語道斷이라 한 말씀의 뜻과 동일하게 됩니다.

그리고 또 철학哲學이라 했을 때 세상의 학자學者들은 배울 학學 자도 새롭게 이해하고 있어야만 합니다.

학學 자의 두부에 있는 부호는 마음의 삼성三性을 그

대로 다 담아 놓고 있습니다. 마음의 삼성이란 의식意識, 잠재의식潛在意識, 무의식無意識입니다. 바로 그 마음의 삼성 밑에다가 밀 멱⼀ 자를 써놓고 있습니다. 그러므로 마음을 싹 밀어 버렸다란 뜻이 됩니다. 마음을 다 밀어 버렸다면 일체를 다 요달한 성자가 됩니다. 그래서 아들 자子 자를 파자로 풀어 보면 하나를 마스터했다는 뜻으로 한 일⼀ 자 중심에다가 마칠 료了 자를 써 넣고 있습니다.

그러므로 공자孔子나 노자老子, 장자莊子 같은 분들은 모두 중생의 식심이 없는 성자聖者들입니다.

그런데 저 먼 옛날 있지도 않은 서양의 유일신唯⼀神 논자들은 중생의 식심識心을 말끔히 다 소멸시켜 버린 철학자哲學者들을 모조리 다 죽여 버렸습니다.

하지만 심각한 문제는 고금이 없습니다. 무슨 말인가 하면, 지금도 학계에서는 철학哲學이라 하면 무슨 수천만 권의 사상 서적을 머릿속에 담아가지고 철학이란 박사학위만 받으면 옳은 철학자가 된 것처럼 착각들을 하고 있습니다.

아닙니다, 결코 아닙니다. 자기 자신의 내면에 밝게 깨어 있는 각성覺性을 발명發明하지 못하고는 결코 철학자라고 할 수 없습니다. 만약 언어·문자 속에 철학이 있다면 저 말 흉내 내기를 잘하는 앵무새도 철학박사 학위를 받았을 것입니다.

제발 착각은 하지들 마세요. 당치도 않은 오해는 하지 마시고 지금 당장 제 몸과 마음을 두루 다 깨닫고 두루 다 아는 묘각妙覺의 빛 각성覺性을 찾아보세요.

사실은 찾고 말고 할 성질도 아닙니다. 스스로 발견만 하면 됩니다. 발견은 못하더라도 은밀히 느낌으로 확신만 있어도 철학자가 될 수 있는 자격을 갖춘 것이 됩니다.

저 서양 철학의 비조 할배를 탈레스라 합디다. 그리고 그 분의 제자로 알려진 피타고라스나 헤라클레이토스 같은 분은 이미 묘각妙覺의 빛 각성覺性을 분명히 보신 분들입니다.

피타고라스는 오늘날 음악의 멜로디를 악보로 만드신 분이기도 합니다. 악보를 만들자면 시방세계에 두루 가득한 범음梵音을 마음 너머에 있는 귀로 분명히 들을 줄 알아야만 만들 수가 있습니다.

이뿐이겠습니까? 피타고라스는 수학의 불가사의 영(0)과 일(1)을 아신 분입니다. 또한 저 헤라클레이토스는 동양의 장자莊子처럼 은유 묘설의 귀재입니다. 화두 같은 기행의 유머로 후학을 잘 깨우쳐 주신 분입니다.

어느 날 헤라클레이토스는 제자들이 보는 앞에서 급히 흐르는 강물에 풍덩 하고 뛰어들었습니다. 그리고는 그 강물에 서 계시면서 제자들에게 우스갯소리로 던진 말씀이 있었습니다.

"나는 흐르는 강물에 잠시도 머물러 있을 수가 없다."라고 말입니다. 어떻게 급히 흐르는 강물에 서 있으면서 어떻게 "나는 흐르는 강물에 잠시도 머물러 있을 수가 없다."라고 하는 말씀을 하실 수 있을까?

바로 이 기행의 기어가 헤라클레이토스의 유명한 화두입니다.

마치 석가세존釋迦世尊께서 금강경金剛經에서
"과거심불가득過去心不可得이요
현재심불가득現在心不可得이며
미래심불가득未來心不可得"이라고 하신 말씀과 동일한 뜻을 가지고 있습니다.

왜냐하면? 묘각의 빛 각성에 머물러 계시는 각자들은 조금도 움직임이 없는 저 무변허공계와 같기 때문입니다.

설사 억백천만 겁을 흐르는 물이나 시간 속에 머물러 계신다 하더라도 조금도 흐름의 망상 속에는 있을 수가 없습니다. 그러므로 헤라클레이토스도 "나는 흐르는 강물에는 잠시도 머물러 있을 수가 없다."라고 말씀하셨던 것입니다.

아무리 하늘에 구름이 흘러가도 본래의 창공은 동함이 없고, 저 창공에 일월日月은 억백천 겁을 돌고 돌아도 본래의 저 허공이야 어디를 오고가랴?

저 헤라클레이토스가 급히 흐르는 강물에 꼼짝 않고 서 있으면서 "나는 흐르는 강물에 잠시도 머무를 수가 없다."라고 하신 깨달음의 저 미학은 마치 저 신라 때 의상 대사義相大師가 법성게法性偈 마지막 장구章句에서 "옛날부터 지금까지도 영구부동한 것을 이름 하여 부처라고 한다(舊來不動名爲佛)."라고 한 게송偈頌 장구章句의 뜻과도 동일합니다.

또 서양의 철학자라 하면 누구나 소크라테스를 먼저 생각하게 됩니다. 그 까닭은 워낙 별난 기행과 차원이 높은 언어유희가 뛰어났기 때문입니다. 동서고금을 통하여 소크라테스처럼 육도만행六道萬行을 서슴없이 몸으로 세상에 보이신 분은 별로 없습니다.

어째서냐 하면 소크라테스는 위인의 됨됨이도 그 누

구보다 독특했지만 삶과 죽음의 길에서도 남다른 기행을 세상에 남기고 가신 분입니다.

소크라테스는 제자들이 지켜보는 앞에서 나라에서 주는 사약을 달게 받아 마십니다. 독약을 마시고는 삶에서 죽음으로 가는 저승길 이야기를 제자들에게 들려주었습니다.

지독한 극약의 독기로 육신이 점차로 굳어지면서 야릇하게 삭신이 변이가 되어가고 있는 심신의 정황을 제자들의 귀에 생생하게 생중계를 하신 각자覺者입니다.

소크라테스는 자기 자신이 스스로 죽음으로 가는 정황을 환히 다 지켜보았습니다.

그렇게 지켜보고 있는 자는 누구일까요? 영구부동하고 있는 묘각妙覺의 빛 각성覺性입니다.

일체를 두루 다 지켜보는 자로 있는 각성으로 제자들에게 생중계를 하다가 약의 독기로 완전히 전신의 사지가 나무토막처럼 굳어지자,

"지금 내 몸은 사약의 중독으로 야릇하게 굳어지고 있다. 그리고 이제 얼굴에 입…" 하시고는 마침내 입술도 돌덩이처럼 굳어지자 말문도 숨길도 딱 멈추어 버렸습니다.

이렇게 소크라테스는 삶에서 죽음에 이르는 생사의 종착역까지를 생생하게 제자들에게 생중계하셨던 위대한 철학자입니다.

이와 같이 서양 철학자들은 자신의 내면에 밝게 깨어 있는 묘각의 빛 각성을 다 보고 계셨던 것입니다.

저렇게도 불가사의한 각성覺性의 경계를 서양인들은 철학哲學이라 했습니다. 그리고 동양 사람들은 도사道師라 합니다.

그러므로 누구나 자기 자신의 각성의 눈을 가리고 있는 제 마음 하나만 벗어 던지고 나면 생사生死를 마치저 서양 철학자들처럼 환히 다 봅니다.

그것도 세상의 물건을 보듯 합니다.

만약 이렇게 각성의 눈으로 보는 혜안慧眼이 없다면 부탁하노니 제발 종교 얘기나 철학 얘기는 하지 말고 그냥 인간답게만 조용히 잘 사세요. 說 堂

7

영0과 일1의 불가사의不可思議

세상에는 참으로 이상한 무지無知가 있습니다. 그것은 누구나 꼭 알고 살아야 할 것을 모르고 사는 무지無知입니다. 꼭 알아야 할 것을 모르고 사는 인류의 병은 수천만 가지가 되지만 그래도 수학박사라면 영0과 일1의 불가사의가 무엇인가는 꼭 알아야 하지요.

세상에 숱한 박사들을 다 제쳐두고라도 현대 물리학박사들만은 반드시 영0과 일1의 불가사의가 무엇인가를 꼭 깨달아야 합니다. 영민한 지적인 알음알이로 아는 문제가 아닙니다. 반드시 깨달아야 합니다.

깨달음은 물리학物理學으로 우주선이 공중을 날게 하는 고등수학의 기술의 문제가 아님을 깨달아야 합니다. 반드시 제 자신이 쓰고 있는 제 마음을 고요한 침묵 속으로 증발시켜 버리는 명상수련의 문제입니다.

만약 마음을 증발시키는 명상에는 꿈에도 없고 짐짓 고등수학에 심취하게 되면 반드시 정신분열로 미치고 맙니다. 그래서 이 늙은이가 간절히 조언을 해둡니다.

영0과 일1은 서로 먹었다 토했다 하는 십진법十進法입니다. 이렇게 일체 만법은 먹었다 토했다 하는 영0과 일1의 불가사의로 되어 있습니다.

이를 세존은 "색즉시공色卽是空 공즉시색空卽是色"이라고 하셨습니다.

공즉시색空卽是色은 영0과 일1이고, 색즉시공色卽是空은 일1과 영0을 뜻합니다. 그러므로 영0과 일1이나 일1

과 영0의 불가사의를 간명하게 진공묘유眞空妙有라 합니다. 진공묘유眞空妙有는 곧 영0과 일1이 들고 나는 십진법十進法입니다.

지금부터 영0과 일1의 불가사의를 분명히 밝혀 보겠습니다. 저 묘각 빛 각성의 여명인 마음의 삼성(의식, 무의식, 잠재의식)이 고요히 부동하면서 생기게 된 것이 저 무변허공계입니다.

저 허공계를 상징한 도표가 곧 공空(0) 표입니다. 그리고 저 마음摩陰의 삼성三性이 저 무변허공계를 품고 광속성 나선형으로 돌면서 일어난 식심識心의 식정識精이 있습니다.

이 식정識精으로 일어난 오색 무지개를 오음五陰이라 합니다. 저 오색 무지개인 오음五陰은 식심識心의 속성입니다.

그 첫 번째(一)를 색음色陰이라 합니다.

색음色陰은 흡사 잠을 깬 사람이 세상 만상을 처음으

로 보는 듯한 식정識精을 말합니다. 이 색음色陰을 오행의 목木이라 합니다.

　두 번째(二)로는 보이는 색상色相이 있음으로 이를 받아들이는 수음受陰이 생기게 됩니다. 이 수음受陰을 오행의 화火라 합니다.

　세 번째(三)로는 받아들임이 있음으로 생각을 하는 상음想陰이 생겼습니다. 이 상음想陰을 오행의 토土라 합니다.

　네 번째(四)로는 생각을 굴리는 행음行陰이 생겼습니다. 이 행음行陰을 오행의 금金이라 합니다.

　다섯 번째(五)로는 뭇 생각을 굴림이 있음으로 기억하고 잊어버리는 기망記忘의 식음識陰이 생기게 되었습니다. 이 식음識陰을 오행의 수水라 합니다.

　이것을 오음五陰이라 하고 이는 마음의 삼성이 돌면서 빚어낸 오색 무지개로서 모든 숫자의 첫 기원이 되고 있는 오음五陰에서 비롯된 5五입니다.

　바로 이 식심인 오음五陰으로부터 앞도 뒤도 없는

저 무량수가 생멸하게 되었습니다. 그러므로 저 무량수의 기틀이 되고 있으므로 5五라는 숫자를 기수基數라 합니다.

수학박사들이여, 알라.

마음 하나 고요히 잠이 들면 저 난해한 고등수학도 대광명장大光明藏이 됩니다.

수학도들이여, 이제 저 영0과 일1의 화두가 무엇인가를 깨달았을 것입니다. 영0과 일1은 저 무량수가 다 진공묘유眞空妙有로 들고 나는 대도大道가 되고 있음을 말입니다. 說主

8

음양오행陰陽五行의 생기설

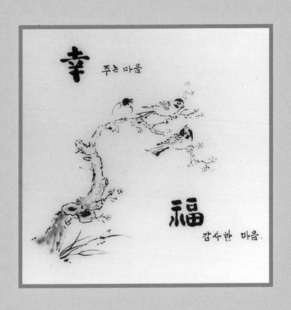

음양오행陰陽五行의 생기설 애기를 하자니 무엇보다
음양陰陽에 대비시켜 놓고 있는 달(月)과 태양(日)의 생기
설부터 먼저 밝히고 넘어가야 하겠습니다. 왜냐하면 음
양陰陽의 모태는 본래로 마음의 의식, 무의식이지만 세
상에서는 달(月)과 해(日)에다가 대비를 시켜 놓았기 때
문입니다.

　또한 일월日月의 생기설을 애기하기에 앞서 지금 이
지구촌 인류에게 꼭 먼저 양해를 구해야 할 시간의 개
념이 있습니다. 그 시간의 개념이란 일월日月이 처음 생

길 때의 기간이나 생겨나서 머무는 기간이나 생겨서 서서히 변하는 기간이나 마침내 없어지는 기간인데, 이 시간은 너무나 멀고 멀어서 금세기 컴퓨터 같은 계산기로도 상상을 못합니다.

한마디로 일월日月의 수명은 인간의 머리로 만든 컴퓨터 계산기로도 상상을 못합니다.

이 같은 사실을 꼭 기억하시고 필자의 얘기를 들어 두세요.

부언하면 일월이 처음으로 태어나고(生), 한시적으로 머물다가(住), 서서히 변하면서(異), 필경에는 없어지는(滅) 것을 생주이멸生住異滅이라 합니다.

이렇게 생주이멸하는 기간이 너무나 멀고도 멀어서 중생의 깜냥으로는 도저히 알 수가 없다고 합니다. 이렇게 멀고 먼 천체의 수명을 사장구四長久라 합니다.

바로 저 사장구四長久에 속해 있는 월일과 무량한 천체들의 수명을 가지고 지구촌에 소문난 우주물리학자들이 공연히 천체의 역사와 천체의 수명을 제멋대로 더듬고 있습니다.

제발 그만들 두시라고 하는 말씀입니다.

지금 우리가 보는 저 일월과 우리가 살고 있는 지구도 똑같은 사장구四長久란 시간 속에 예속되어 있습니다.

본래로 저 청정 묘각妙覺인 깨달음의 세계에서는 시간이란 자체가 없습니다. 그런데 무슨 수명이 있겠습니까? 본래로 아무것도 없는 무상의 묘각은 항상 영구부동永久不動할 뿐이기 때문입니다.

지금부터 달과 해와 저 무량한 천체가 처음으로 생길 때의 이야기를 하겠습니다.

지극히 철저하게 아무것도 없는 청정 묘각淸淨妙覺은 지금 우리가 보는 저 태양의 빛보다도 십조 배나 더 밝다고 합니다. 저렇게도 밝고 맑은 붉은 황금의 빛이 마음이 고요해서 생긴 저 무변허공계를 세월없이 비추는 과정에서 저 무변허공계가 자연스럽게 번쩍번쩍 빛나는 붉은 황금빛으로 도금이 되었다고 합니다.

마치 흰 종이가 태양빛을 오래 받으면 마침내 누렇게 변색되는 것처럼 저 무변허공계도 자연스럽게 묘각의 황금빛으로 누렇게 물들었다고 합니다.

아울러 마음의 삼성三性이 광속성 나선형으로 도는 엄청난 바람에 저 황금의 자기장磁氣場인 허공계가 둘둘 말리면서 마치 전구알 같은 태양을 저 무변허공계에다가 백억 개나 뿌려 놓았다고 합니다.

동시에 또 저 무변허공계에 가득한 먼지들을 둘둘 말아서 축구공 같은 천체들을 허공계에다가 무량하게 뿌려 놓기도 했습니다.

그 중에 흙덩어리 하나가 요행으로 지금 우리가 살고 있는 이 지구가 되었습니다. 그러므로 저 태양은 일반 천체와는 판이하게 다른 불가사의한 광명장이 되고 있습니다.

마치 전구가 전기로 빛을 내는 것처럼 저 태양은 저

묘각의 빛 각성의 여명을 받아서 불가사의한 빛을 내고 있습니다. 그러므로 지구촌 인류의 생각으로 무엇이 타고 있다는 착각은 버려야 옳습니다. 다만 달과 태양은 부부와 같은 각별한 사이일 뿐입니다.

지구촌 중생은 태양에 관한 한 아무것도 모릅니다. 대각大覺을 하신 삼세의 제불이 아니고야 어찌 생각이나 감히 해 보겠습니까.

저 태양의 광명장 속에는 열도 있고 빛도 있는 밝은 화성華性이 있습니다. 또 열은 없고 빛만 환한 무열화성無熱華性도 있습니다.

어찌 이뿐이겠습니까? 저 태양의 빛 속에는 무량한 물성物性도 있고 무량한 중생의 심성心性도 다 있습니다.

바로 이것이 저 태양의 불가사의입니다. 그러므로 고대인들은 태양을 신神으로 추앙해 왔습니다.

이제 본론으로 돌아가 보겠습니다.

고래로부터 늘 쓰고 살아온 주일週日의 생기설을 밝

혀 두고자 합니다. 주일週日은 곧 음양오행陰陽五行입니다.

어째서 주일週日이 음양오행이 되는가?

주일週日에서 월月, 일日은 곧 음양陰陽이 되고 있습니다. 그래서 이 세상에는 음력陰曆이란 월력月曆이 있고, 양력陽曆이란 일력日曆도 있습니다.

그 까닭은 지금 이 지구촌은 저 달의 인력권 안에서 살고 있기 때문입니다. 그래서 고래로부터 영농법만이 아니고 일체의 제례법과 사람의 운명은 모두 음력陰曆을 쓰고 있습니다.

이제 주일週日의 얘기로 들어가 봅시다.

월月·일日은 음양陰陽이 되고, 그 월月·일日의 중간에 중간자中間子와 같은 화수목금토火水木金土를 배열해 놓고 있습니다.

곧 저 주일의 법도는 우주 천체의 배열이기도 합니

다. 일체 만법이 모두 음양오행으로 배열이 잘 되어 있습니다. 그래서 일체 만물의 물리와 일체 중생의 생리도 모두 주일週日인 음양오행으로 존재하고 생명활동을 합니다.

고대 단군설화에서 사회를 다스리는 일지日誌도 주일週日인 음양오행으로 되어 있습니다.

다만 저 서양에서만은 주일週日을 하나님이 우주만물을 창조한 창조의 신화로 해석합니다.

인류는 일찍이 주일週日을 금쪽같이 애용해 왔습니다. 그런데 문제는 저 주일週日의 기원이나 요일曜日의 철리哲理가 무엇인가를 옳게 밝혀 놓은 기록이 어디에도 없습니다. 바로 이것이 필자가 말하는 인류의 무지입니다.

주일週日은 음양오행으로서 동서고금을 막론하고 인류의 인생철학이고 저 우주만물의 물리학입니다. 음양오행에서 음양은 월일月日입니다. 저 음양은 서로 상보

相補를 하고 있습니다.

그러므로 주일週日의 앞에다가는 음陰인 월月로 대비시켜 놓고 말미에다가 양陽인 일日로 보필을 해 놓았습니다. 바로 저 음양인 월月·일日 사이는 우주물리의 중간자와 같은 화수火水로 일단 상극相剋을 시켜 놓았습니다. 그렇게 화수火水가 서로 마주쳐 상극相剋을 함으로써 무변허공계에는 어마어마한 중력장重力場이 생기게 되었습니다. 그 중력장이 형성됨으로써 저 무변허공계에는 세계와 중생계가 두루 다 창조되었습니다.

그리고 또 목금木金이 서로 묘하게 상충相衝됨으로 해서 저 무변허공계에는 무량한 전기에너지장이 형성되었습니다. 그래서 월月·일日의 중간에다가 목木과 금金을 상충相衝을 시켜 놓고 있습니다. 그 까닭은 자기장인 금金을 풍목風木인 바람이 마찰을 시켜줌으로 해서 저 무변허공계에는 전기에너지장이 시방세계에 두루 가득해지도록 해야 하기 때문입니다.

또한 금金과 토土로 상생을 시켜 놓음으로 해서 세계와 중생계에는 심심미묘한 문명과 문화가 조화롭게 꽃을 피우기 때문입니다.

왜냐면? 주일週日인 월일月日 사이에 화火, 수水의 생원도 모두 오행五行의 금金이 곧 모체母體가 되기 때문입니다. 어째서인가. 중간에 목木인 바람이 금金을 상충함으로 화인 불(火)이 일어납니다. 이렇게 금金에서 일어난 이 불(火)이 오히려 제 모체인 금金을 짐짓 찜질을 함으로 말미암아 마침내 물(水)이란 만생의 생명수가 나오게 됩니다.

그러므로 요일曜日의 말미에 금金, 토土로 대비를 시켜 놓은 까닭은 요일의 앞에 화火, 수水로 생긴 저 어마어마한 중력장 때문입니다. 중력장이 없었다면 어떻게 저 무량한 천체가 우주에 가득하게 창조되었겠습니까?

아, 보라. 저 요일의 말미에 금金, 토土로 대비를 시켜 놓은 저 불가사의한 무량의를 어찌 말로 다 설명할 수 있겠습니까?

그러면 지금부터 음양오행의 생기설生起說을 자세히 밝혀 보겠습니다.

지금 필자가 이렇게 설명을 하고 있는 지혜는 모두 석가 세존이 이미 3000년 전에 밝혀 놓으신『수능엄경首楞嚴經』의 기록입니다. 그『수능엄경首楞嚴經』에 있는 기록을 가지고 필자가 쉬운 우리말로 풀어서 이해를 돕고 있습니다.

그리고 우리가 음양학陰陽學을 얘기할 때에는 늘 마음에 걸리는 문제가 꼭 하나 있습니다. 그것은 음양陰陽이란 두 단어 사이에 반드시 있어야 할 중간자中間子가 빠져 있다는 것입니다. 그래서 독자님들은 음양을 얘기할 때 당연히 중간자(화, 수, 목, 금, 토)가 음양 사이에 있음을 기억해 두시기를 바랍니다.

음양오행陰陽五行의 본 모태도 역시 창조주요 구세주인 마음摩陰입니다. 또한 마음摩陰을 얘기할 때도 역시 마음摩陰 사이에 중간자와 같은 식심인 심心이 있음을 꼭 기억해 두셔야 합니다.

　이 심心의 생원生原은 마음摩陰의 삼성三性(의식, 무의식, 잠재의식)이 광속성 나선형으로 돌면서 각성覺性의 여명인 마음摩陰을 자극함으로 일어난 번갯불이 식심識心인 심心입니다.

　저 마음의 삼성이 광속성 나선형으로 무변허공계를 굴리면서 무변허공계에는 블랙홀이 무량하게 생기게 되었습니다. 이와 같은 이치로 일어난 공색空色인 오음五陰이란 오색 무지개가 처음으로 일어난 이것을 제1식識의 공색인 색음色陰이라 합니다.

　이렇게 색음이 있음으로 색상色相을 받아들이는 제2식識을 수음受陰이라 합니다.

　또 이렇게 받아들인 영상을 생각하는 제3식識을 상음想陰이라 합니다.

　영상을 생각하는 상음想陰이 있음으로 그 생각을 굴리는 제4식識인 행음行陰이 생겼습니다.

생각을 굴리는 행음行陰이 있음으로 이를 기억하고 잊어버리는 기망記忘이 있게 되었습니다. 이를 제5식識인 식음識陰이라 합니다.

이를 통칭 오음五陰이라 합니다.

바로 이 오음의 불가사의로 인간의 얼굴에는 오음을 관장 하는 5관五官이 생겼고, 또 저 오음의 신비로 몸 안으로는 오장오부五臟五腑가 생겼으며, 그리고 또 몸 밖으로 수족手足에는 손발가락이 각각 다섯 개씩으로 벌어지게 되었습니다. 説主

9
오행五行의 생기설

지금부터 오행五行의 대명사 금목수화토金木水火土가 생기게 된 그 생기설로 들어가 보겠습니다. 오행五行의 처음은 금金입니다. 그래서 금金의 생기설부터 먼저 밝혀 보겠습니다.

1) 오행 금金의 생기설

금金의 생원은 참으로 불가사의합니다.

잘 읽어 보세요. 저 태양의 빛보다도 십조 배나 더 밝다고 하는 청정 묘각淸淨妙覺은 입자분粒子分의 -18승에 있는 마음을 뛰어넘어서 그 심자분心子分의 -21승에 있습니다. 저 묘각妙覺의 빛을 각성覺性이라 합니다. 바로 그 각성覺性의 여명이 곧 마음摩陰입니다.

각성의 여명인 마음摩陰이 고요히 공적해진 것이 저 무변허공계입니다. 바로 저 무변허공계가 어마어마한 묘각妙覺의 황금빛을 세월없이 받게 되었습니다.

그렇게 무량 광명의 빛을 세월없이 받아들인 허공계가 마치 흰 종이가 태양의 빛을 받으면 누렇게 뜨듯이 저 무변허공계도 묘각의 황금빛으로 염색이 되었습니다.

이로 말미암아 저 허공계에는 걸리고 막히는 견애堅碍의 자기장이 생기게 되었습니다. 바로 이 자기장을 오행의 금金이라 합니다.

그래서 누구나 허공을 손바닥으로 흔들어 보면 분명히 무엇이 걸리는 듯한 느낌이 있습니다. 이렇게 걸리고 막히는 견애의 자기장으로 말미암아 공중을 나는 새도, 저 비행기도 저 우주선도 공중을 마음대로 날 수가 있게 되었습니다.

이렇게 무변허공계를 두루 다 머금고 있는 저 견애의 자기장을 금보金寶라 하고, 이 금보가 저 무변허공계를 두루 품어 안고 있으면서 시방세계를 두루 다 잘 보호 유지시키고 있다고 해서 금륜金輪이라 합니다.

현대물리학에서는 이 금륜金輪을 자기장磁氣場이라 하고 이 자기장을 오행에서는 금金이라 합니다. 그러므로 만약 저 금륜金輪인 자기장이 허공계에 없다면 저 무변 허공계도 종적도 없이 다 사라지고 맙니다.

만약 금륜金輪이란 저 자기장이 없다면 허공계도 없는데 과연 세계와 중생계가 어디에 있을까요?

금金이 보물이 되는 그 까닭을 이제 아시겠습니까?

금金의 생원이 이와 같은데, 지금 이 지구촌에 깨알같이 많은 우주물리학 박사들이 한자리에 다 모여서 억백

천 겁을 두고 생각해 보아도 금金을 까맣게 모릅니다.

금金의 생원生原에 관한 문제는 그만두고라도 물건인 금金 자체를 아무리 분석해 보아도 금金은 무슨 물질도 아니고 그렇다고 어떤 원소元素나 원기元氣도 아닙니다.

왜냐?

중생의 마음의 밑바탕에서 빛을 내고 있는 불가사의 한 묘각妙覺의 빛이기 때문입니다.

그러므로 제 마음도 모르는 저 인류가 어떻게 금金을 알 수가 있겠습니까?

2) 오행 목木의 생기설

일반 세속의 음양학자들은 오행五行의 목木을 지금도 산천에 자라는 나무로 알고들 있습니다만 아닙니다. 오행 목木의 참 뜻은 일체의 행위行爲를 뜻합니다.

그래서 고전古典인 하도락서河圖洛書에서도 목木을 풍동風動이라 했습니다. 왜냐면? 무엇이든 행行이 없으면 아무것도 없기 때문입니다.

저 허공계도 일체 만법도 일체가 풍동風動이란 목木의 불가사의로 존재합니다. 그렇다면 과연 어떻게 해서 풍동風動인 목木이 생기게 되었을까요?

마음摩陰의 삼성三性이 정반합을 하는 행위로 말미암아 마음이 고요해서 생긴 저 허공계가 광속성 나선형으로 돌게 되었습니다. 바로 이 섭리로 저 무변허공계에는 쉼 없이 까만 무의식계의 블랙홀과 의식계의 화이트홀이 일어나고 있습니다.

이렇게 광속성 나선형으로 도는 바람이 시방세계를 두루 다 감싸고 돌며 일체를 잘 보호 육성시킨다고 해서 목木을 풍륜風輪이라 합니다. 그래서 저 풍륜風輪을 오행의 목木이라 했습니다.

바로 이렇게 풍동風動인 목木이 저 무변허공계를 감싸돎으로 해서 시방세계에는 시간時間이란 삼세三世가 생기게 되었습니다.

시간 자체가 허공계를 감싸 돎으로 시간은 항상 과거, 현재, 미래란 삼세三世로 동전動轉을 하게 되었습니다.

바로 이 삼세三世가 지구촌 공간의 사방과 서로 교감(3×4=12)이 되면서 지구촌 시간은 12시時로 확정되었습니다.

오행의 목木이란 풍륜風輪이 12시라는 삼세만 굴리는 것이 아니고 지구촌 중생의 생명성까지도 함께 굴리게 되었습니다. 그러므로 시간의 삼세(과거, 현재, 미래)와 공간의 사방이 서로 교감되면서 12지지地支라고 하는 12류 중생이 지금 이 지구촌에 가득하게 되었습니다.

12지류支類 중생의 고유명사가 있습니다.

그 이름을 자子: 쥐, 축丑: 소, 인寅: 범, 묘卯: 토끼, 진辰: 용, 사巳: 뱀, 오午: 말, 미未: 양, 신申: 원숭이, 유酉: 닭, 술戌: 개, 해亥: 돼지라 합니다.

그리고 또 저 공간의 사방과 간방間方이 서로 교감되어서 팔방八方이 됩니다. 이 팔방의 그 중심에 상하방이 일치되면서 시방十方이라는 특별난 공간의 성품이 생기게 되었습니다.

바로 그 공간의 성품에는 허공계를 두루 머금고 있는 자기장이 빚어낸 불가사의한 성품이 별도로 있습니다. 그 성품의 고유명사를 천간天干이라 합니다.

그 천간天干의 고유명사를 갑甲, 을乙, 병丙, 정丁, 무戊, 기己, 경庚, 신辛, 임壬, 계癸라 합니다.

이렇게 공간에도 특별난 공간성空間性이 있음으로 해서 세계만방에 존재하고 있는 만물도 각양각색이고 중생의 형색과 언어도 다양하게 다르게 되었습니다.

이러한 천간과 지지의 법도를 깊이 다룬 고서가 있습니다. 그것을 『하도河圖』와 『낙서洛書』라 합니다. 『하도』와 『낙서』는 BC 4500년 전의 기록입니다. 이를 깊이 다룬 『주역周易』이란 책이 있습니다. 주역은 동양 고

전으로서 하늘의 이법과 땅의 이치를 밝게 알려준 책입니다. 이 주역의 유래는 곧 『하도』와 『낙서』를 시원으로 합니다. 우리 동이족東夷族인 공자님께서도 주역을 연구하여 「십익十翼」을 만들어 만년의 시간과 정력을 주역 연구에 투자했습니다.

3) 오행 화火의 생기설

마음의 삼성이 빚어낸 엄청난 풍동風動(木)의 바람이 저 무변허공계를 두루 감싸고 있는 자기장인 금륜金輪을 강력하게 마찰시켰습니다. 이렇게 강력한 바람이 마찰을 시킴으로 해서 금보金寶에서는 번쩍 번쩍 빛나는 불꽃이 일어나게 되었습니다. 이 불꽃은 다름 아닌 오늘날의 전기電氣입니다.

이 전기電氣의 불꽃을 오행五行의 화火라 합니다.

이 오행의 화火가 시방세계를 두루 다 감싸 돌고 있으면서 일체 중생을 잘 보호 육성시킨다고 해서 화륜火輪이라 하고 이를 오행의 화火라 합니다.

4) 오행 수水의 생기설

풍동風動의 바람이 자기장인 금金을 마찰시킴으로 해서 일어난 화火의 불꽃은 이상하게도 세월없이 위로만 솟구치는 성질이 있습니다. 그 성질로 말미암아 화火의 불꽃은 자신이 나온 차고 윤택한 자기장인 금륜金輪을 짐짓 찜질하게 되었습니다.

이렇게 차고 윤택한 금보金寶를 불꽃이 짐짓 찜으로 말미암아 저 차고 윤택한 자기장인 금륜金輪에서는 마침내 촉촉이 젖는 수소 분자가 생기게 되었습니다.

그 수소 분자들이 모이고 엉켜서 마침내 비구름이 되었습니다. 비구름이 되어서 지구촌에 무려 500년간 무진장으로 퍼부어 놓은 물이 지금 우리가 보는 저 바다입니다. 태초의 바닷물은 히말라야 산 중턱까지 가득했습니다.

이를 오행의 수水라 하고 저 수水가 시방세계를 두루 다 머금고 있으면서 일체를 두루 다 잘 보호 육성시킨다고 해서 수륜水輪이라 하고 이를 오행의 수水라 합니다.

5) 오행 토土의 생기설

저 화륜火輪인 화火와 수륜水輪인 수水는 막강하게 서로 밀어내는 속성이 있습니다. 그러므로 불과 물이 서로 강력하게 밀치는 엄청난 저항력으로 말미암아 저 무변허공계에는 어마어마한 중력장이 형성되었습니다.

바로 저 엄청나고 강력한 중력장이 저 무변허공계를 품어 안고 도는 바람을 일으켜 저 무변허공계에 두루 가득한 무량한 분진粉塵들을 둘둘 말아서는 저 허공계에다가 굳고 단단한 천체들을 무량하게 만들어 뿌려 놓았습니다.

바로 이것이 지금 우리가 살고 있는 지구와 저 무량한 천체들입니다. 저렇게 많고 무량한 천체들 중에서도 지구와 같이 물이 있는 천체가 혹 있다고 합니다.

지금 여기 지구촌에서 서북쪽으로 120광년을 지나가

면 '울단왈'이라고 이름 하는 천체가 있다고 합니다. 그곳의 사람들은 지구촌 사람들보다 월등하게 잘 생겼고 자연환경도 지구촌보다는 수승하게 좋다고 합니다. 앞으로 15억 년 후에는 지구촌 사람들이 관광 여행을 그곳으로 갈 것입니다.

저 오행의 토土가 시방세계를 두루 다 뒤덮고 있으면서 일체중생을 두루 다 보호하고 육성을 잘 시키고 있다고 해서 토륜土輪이라 하고 이를 오행의 토土라 합니다.

아, 보라. 이것이 주일週日의 불가사의요 음양오행陰陽五行의 생기설生起說입니다. 그러므로 지금 이 지구촌에서는 저 오행의 수水와 화火와 토土가 서로 어느 쪽이 더 우월하고 더 열등한가에 따라서 일체 만물이 창조되었습니다.

불기운이 물기운보다 더 승하면 저 흙을 밀어올려서 대륙을 만들었고 더 높이 치밀어 올려서는 높은 고산이 되었습니다. 그래서 저 대륙이나 산에 있는 돌을 서로 마주치면 불꽃이 일어나고 돌이 녹으면 다시 물이 되고 삭으면 다시 흙으로 돌아갑니다.

또 불과 흙과 물 기운 가운데서 물기운이 더 승하면 대지 위에 존재하는 계溪, 천川, 강江, 하河, 해海가 됩니다. 그리고 또 불기운보다도 물기운이 좀 더 승하면 흙을 밀어올려서 산천에 무량한 초목이 됩니다. 그래서 초목은 짜면 물이 나오고 서로 마찰을 시키면 불꽃이 일어나고 타서 재가 되고 나면 다시 흙으로 돌아갑니다.

이같이 물(水)과 불(火)과 흙(土)의 신비로운 조화를 고인들은 수화기제水火旣濟라 했습니다.

지금 여기서 밝히고 있는 마음摩陰의 생원설生原說과 음양오행의 생기설生起說은 일찍이 석가 세존께서 『수능엄경首楞嚴經』에 다 밝혀 놓으신 말씀입니다.

하지만 저 경전의 문장을 가지고 해설을 하자니 문맥文脉에 막히고, 의역意譯을 하자니 경문經文이 심격천산

心擊千山이고, 무량의無量義인 철리로 풀자니 자신의 무지無智가 앞을 가립니다.

왜냐하면, 실제 경문의 내용은 우주물리학에다 아무나 맛도 보지 못한 깨달음의 정신철학을 가지고 그것도 난해하기로 소문난 사자시구四句詩語로 기록을 해 놓았기 때문입니다.

그러니 누가 어떻게 알고 어떻게 깨칠 수가 있겠습니까? 그런데 필자는 19세 때 남장사에서 삼칠일(21일) 만에 부처님의 가피를 입어 홀연히 불법의 철리를 알음알이로 안 것이 아니고 다 법안法眼으로 보았습니다.

그러므로 필자가 온 인류에게 간절히 부탁을 드립니다.

누구나 다 소유하고 있는 자기 자신의 내면에 밝게 깨어 있는 각성覺性을 꼭 확인하도록 노력을 좀 해 보시라고 말입니다.

천만다행으로 자신의 내면에 밝게 깨어 있는 각성覺

性을 조금 느끼기만 해도 달을 가리키는 손가락 같은 경문을 보지 않고 실제로 허공에 뜬 달을 보기 때문에 아무리 경문이 어렵고 난해한 팔만대장경이라도 우리말로 쉽게 다 풀 수가 있습니다.

그러므로 세상에 어렵고 난해하기로 소문난 『수능엄경首楞嚴經』의 뜻이 환히 다 보입니다. 그래서 난해한 『수능엄경首楞嚴經』을 쉬운 우리말로 필자가 해설을 해놓았습니다. 說主

10

고유명사 숫자는 태교학胎教學

숫자에 고유명사固有名詞를 가진 민족은 동이족뿐입니다. 바로 그 숫자의 고유명사는 다름 아닌 인생의 태교학胎教學입니다.

지구촌에서는 우리 동이족만이 숫자를 단음單音으로 읽는 명호가 있습니다. 그래서 일一, 이二, 삼三, 사四, 오五, 육六, 칠七, 팔八, 구九, 십十이라고도 읽고, 그리고 또 그 숫자의 의미를 단어單語로 읽는 발성이 별도로 있습니다.

그래서 우리말로 하나(一), 두울(二), 서이(三), 너이(四),

다섯(五), 여섯(六), 일곱(七), 여덟(八), 아홉(九), 열(十)이라
합니다.

고래로부터 동이족만은 숫자를 이렇게 단음으로 읽
는 단어가 있고, 그 의미를 읽는 발음이 별도로 있습니
다. 그래서 한문漢文도 의미를 읽는 의성意聲이 있고 무
량한 철리를 읽는 의음義音인 두문頭文이 별도로 있습
니다.

이와 같이 숫자의 명호를 읽는 단음單音이 있고 그 숫
자의 의미를 읽는 단어單語가 별도로 있습니다.

그렇다면 어째서 숫자에 단음單音이 있고 그 의미를
읽는 단어單語가 있게 되었을까요? 그 답을 이 자리에서
밝혀 두렵니다.

동이족만은 보통 숫자를 계산용으로 쓸 때는 단음單
音으로 읽었습니다. 그리고 단어로는 흔히 논밭의 평수
는 한 마지기, 두어 마지기 서너 마지기라고 합니다. 또
한 곡식을 적재한 양을 한 섬, 두 섬, 석 섬, 넉 섬이라

합니다. 이 같은 숫자의 고유명사를 아직도 농촌의 촌락에서는 많이들 쓰고 있습니다.

숫자를 이렇게 단음單音이나 단어單語로 읽는 저 숫자의 고유명사에는 무엇인가 특별한 뜻이 있을 것입니다. 그래서 필자가 그 깊고 높은 고유명사의 뜻을 밝혀 두려고 합니다. 왜냐면 저 고유명사에는 소중한 인생철학이 있기 때문입니다.

인생은 누구나 모태로부터 시작이 됩니다. 그래서 사람이 임신을 해서 해산하는 열 달 동안을 읽는 달수에 고유명사가 생기게 되었습니다. 이 달수의 고유명사를 태교학이라 합니다.

그 태교학의 내용을 좀 상세히 밝혀 두려고 합니다.

여성과 남성이 성교를 하다가 남성이 여성의 자궁에 사정을 하게 되면 여성의 자궁 안에는 남성이 사정한 그 호르몬 속에 수억 마리의 정충情蟲들이 바글바글 합니다.

자궁에서 이 정충들은 서로 죽기 살기로 투쟁을 합니다.

투쟁하는 목적은 여성에게만 있는 난소의 엄격한 선택권 때문입니다.

그 선택권이란? 여성의 난소에만 있는 일편단심一片丹心의 엄격한 선택권입니다. 저 독특한 선택권 때문에 수억 마리의 정충들은 사생결단하고 투쟁을 합니다. 최후의 승자가 아니면 자궁 안에 난소에만 있는 일편단심이 절대로 받아들이지를 않습니다.

그래서 저 수억 마리의 정충들은 죽기 살기로 투쟁을 합니다. 투쟁을 해서 최후로 선택된 정충情蟲 하나를 난소가 품어 안게 되면 신성한 일편단심과 일심동체가 된 것입니다. 이렇게 유일신격인 정자精子 하나가 난자와 일심동체가 되었다면 비로소 임신姙娠이 된 것입니다.

천만다행으로 임신이 되었다면 그 순간부터 그 정충

은 마음摩陰의 삼성三性이 빚어내는 돌풍으로 오색구름과 같은 식심識心의 식정識精인 오음五陰이 일어나게 됩니다.

·· ● ● ● ··

그 오음의 첫 번째가 공空과 색色이 하나로 뭉쳐진 제1식識의 색음色陰입니다. 그래서 임신한 첫 달에는 산모는 어떠한 기미도 느낄 수가 없습니다. 그것은 허공이 돌면서 생긴 텅 빈 공空과 환상으로 생긴 오색 무지개인 색色이 하나가 되어지는 공색의 시간이기 때문입니다. 누구나 허공은 눈에는 보이나 잡을 수가 없습니다.

그러므로 저 공색空色인 제1식의 색음色陰 속에서는 하나의 유전자가 마치 계란 속에 숨은 난자와 같습니다. 바로 그 난자는 마음의 속성입니다. 마음의 속성은 의식意識(D)과 잠재의식潛在意識(N)과 무의식無意識(A)입니다. 이를 현대 의학에서는 DNA라 합니다.

그러므로 임신 첫 달을 의미한 한 일一 자를 우리말로

'하나'라 합니다. '하나'란? 공空과 색色이 하나로 어우러진 색음色陰을 우리말로 '하나'라 합니다.

· • ● • ·

또 임신 2개월에는 마음摩陰의 삼성三性이 광속성 나선형으로 돌면서 우주의 에너지 3321을 둘둘 뭉쳐서 마치 코처럼 생긴 유전자로 몸통을 만들어 냅니다. 그래서 임신한 여인은 아침나절에만 잠깐 하복에 무엇이 은밀히 느껴집니다.

이때 코 비鼻 자같이 생긴 몸통을 안팎으로 두루 다 느끼는 제2식인 수음受陰이 생깁니다. 그래서 두 이二 자를 우리말로 '두울'이라 합니다.

이때에 부모가 욕구도 불만도 없는 무구無垢 무욕無慾한 마음을 잘 지키면서 부모에 효를 행하고 남을 배려하는 마음으로 가득하면 자연히 뱃속 태아의 유전자는 원만한 육체의 기틀을 잡습니다.

또 임신 3개월이 되면 임신한 부인은 하복의 태중에서 무엇이 엉기고 서린 듯한 제3식인 상음想陰이 생깁니다. 그래서 저 삼식三識을 뜻하는 삼三을 우리말로 엉기고 서리듯 하다란 뜻으로 '서이'라 합니다.

이때 비로소 태아는 밖으로 받아들인 느낌을 생각하는 제3식인 상음想陰이 생깁니다. 그러므로 이때부터 유전자인 마음麼陰의 삼성三性(意識, 潛在意識, 無意識)이 태아의 회음에서 세 가닥으로 발기를 합니다.

이를 삼맥三脉이라 하는데, 삼맥三脉은 일체를 두루다 깨닫고 아는 각성覺性의 터널을 말합니다. 저 삼맥三脉이 몸통의 전후좌우로 교감되면서 두부로 상행을 합니다.

상행을 할 때에 복부로 상행을 하는 자율신경계인 임맥任脉과 등 뒤로 상행하는 운동신경계인 독맥督脉과 또 전신을 좌우상하로 교감시키면서 상행을 하는 불가사의한 미주신경계인 대맥帶脉이 삼맥三脉입니다.

좀더 구체적으로 설명을 하자면 저 삼맥 중에서 자율신경계인 임맥任脉은 복부의 중심을 타고 상행을 하다가 얼굴의 아랫입술 승장혈承槳穴에서 중뇌中腦와 간뇌와 연수로 몰입을 합니다.

그리고 또 등 뒤로 상행하는 독맥督脉은 두정頭頂을 넘어서 전면부前面部 윗입술의 인중혈人中穴에서 소뇌, 대뇌로 몰입을 합니다.

그리고 또 참으로 불가사의한 대맥帶脉이 있습니다.

저 대맥帶脉은 미주신경계로서 참으로 이상합니다. 왜냐하면 마음摩陰의 삼성三性이 빚어낸 삼맥을 일단 세 가닥으로 분리시킵니다. 이렇게 분리가 된 삼맥을 모조리 한 덩어리로 돌돌 말아서는 광속성 나선형으로 돌립니다. 돌리면서 전신을 안팎으로 전후좌우상하로 모조리 반대쪽으로 교감을 시켜 놓습니다.

그런가 하면 또 불가사의하게도 저 삼맥을 한 덩어리

로 똘똘 묶어서는 척추를 중심으로 해서 몸통의 전후좌우상하로 모조리 반대편 쪽으로만 교감을 시켜 놓습니다. 그리고 두뇌로 들어가서도 흡사 육효 효爻 자와 같이 묘하게 교감을 시켜 놓고 있습니다.

이 같은 신비로 말미암아 사람은 다른 동물과 달리 몸통을 전후좌우상하로 자유자재로 운신이 가능해졌습니다. 또한 이 같은 불가사의로 사람은 두뇌에 만약 어떤 문제가 발생하면 벼락같이 전후좌우상하를 못 쓰게 되는 반신불수가 됩니다.

바로 이것은 저 대맥帶脉이 삼맥을 모두 좌우상하 반대편으로만 12신경을 모두 교감시켜 놓았기 때문입니다.

또한 대맥이 저 삼맥을 둘둘 말아서 상행을 하다가 등의 명문혈命門穴과 배꼽의 신궐혈神闕穴을 중심으로 해서 앞뒤로 교감되면서 삼맥은 좌우로 육경六經이 됩니다. 저 육경이 또한 광속성 나선형으로 돌면서 안면부顔

面部에는 육근(眼, 耳, 鼻, 舌, 身, 意)이 깃들 여섯 개의 토굴을 다 뚫어 놓고 있습니다.

그리고는 또 그 토굴인 육근六根에다가 각성覺性의 시녀 육식六識(眼, 耳, 鼻, 舌, 身, 意)을 앉혀 놓았습니다.

그리고 또 저 육경六經이 등의 명문혈命門穴과 배꼽의 신궐혈神闕穴을 중심으로 해서 전후좌우로 감쳐서 돌고는 다시 상하로 교감이 되면서 12락絡이라고 하는 12신경神經이 되었습니다. 저 12신경이 태아의 전신만신을 얼기설기 감아 놓았습니다.

그래서 임신 3개월의 석 삼三 자를 얽고 설기다란 뜻으로 우리말로 '서이'라 했습니다.

이때 태아의 부모는 반드시 구도자처럼 정숙하게 생활을 해야만 합니다. 그래야만 태아의 상호가 원만해집니다.

또 임신 4개월이 되면 이때 비로소 제4식識인 행음行陰이 열립니다. 그래서 산모는 뱃속에 든 태아의 동정을 은밀히 느끼게 됩니다. 이때 비로소 태아는 남아가 될지 여아가 될지가 결정됩니다. 이때에 만약 부모가 세상이 반기는 선덕善德을 지었으면 거룩한 남아가 되고, 만약 부모가 남몰래 좋지 못한 허물을 지었으면 못생긴 여아가 됩니다.

그러므로 부모는 반드시 남몰래 좋은 은덕을 베풀어야 합니다. 그래서 옛 조상들은 생남불공生男佛供도 올렸고 천지신명에게 기도도 했습니다. 그래야만 거룩한 자식을 얻을 확률이 높았기 때문입니다.

필자는 지극히 쉽고 지극히 어려운 제 부모에게 효도를 권합니다. 어째서냐? 옹기를 굽는 도공도 가마에 들어 있는 작품이 제대로 완성되도록 기도를 합니다. 그래서 장작불을 지필 때에도 지극한 정성을 드립니다.

그런데 오늘날 과학문명의 풍요에만 넋을 잃은 저 인생들은 제 조상의 지혜를 모조리 미신으로 치부를 합니다. 그러므로 제 자식이 창조될 때의 신비로운 태교학을 까맣게 잊고 삽니다. 세상에 무엇보다도 소중한 것은 태교학입니다. 그런데 어쩌자고 성생활을 문란하게 하고들 사십니까?

오늘날 우리 후손들의 불치병이 무엇인 줄 아십니까? 애들 태반이 이미 불치의 정신병에 다 걸려 있습니다. 다 고쳐도 정신병만은 못 고친다는데 어쩔 작정인지 묻고 싶습니다.

임신 4개월에는 남녀로 심신이 분리된다고 해서 넉 사四 자를 우리말로 '너이汝爾'라 합니다.

이때에 비로소 태아는 절구통같이 생긴 몸통이 분명해집니다. 동시에 팔다리가 될 사지四肢가 태아의 몸통에서 빚어져 나옵니다. 만약 임신 4개월에 태아의 부모가 살생殺生, 투도偸盜, 간음姦淫, 질투嫉妬, 불효不孝 같은 다섯 가지 오중죄五重罪를 범하게 되면 부모는 말할 것도 없고 생아는 오관五官이 멀게 됩니다.

그러므로 부모에게 효도부터 하세요. 그리고 나서 남을 위한 봉사활동을 하면 자연히 현명한 자손을 얻습니다.

••●••

또 임신 5개월이 되면 첫째로 태아는 인격 완성의 첫 단계가 됩니다. 그래서 태아는 오대五大가 완벽해집니다. 그러므로 태아는 두부頭部도 분명해지고 몸통에 딸린 팔에는 주관절肘關節, 다리에는 슬관절膝關節이 분명해집니다. 이에 임신 5五개월의 오五 자를 우리말로 '다섯'이라 합니다. 다섯이란 '다섯다'란 뜻입니다.

뿐만이 아니라 이때에 제5식識인 식음識陰이 열립니다. 식음識陰은 일체를 다 기억하는 소지장所持藏을 말합니다. 그러므로 후두부에 완골이 뚜렷해집니다.

이렇게 임신 첫 달의 제1식부터 임신 5개월의 저 제5

식까지를 통칭 오음五陰이라 합니다. 그래서 오식五識인 오음五陰을 속칭 심心이라 합니다.

저 오음五陰의 생원은 곧 수학의 기틀이 되고 있는 기수基數 오五의 생원설이기도 합니다.

첫째로 제1식은 잠을 깬 상태와 같은 맑은 의식을 말합니다.

두 번째로 제2식인 수음受陰은 만상을 받아들임을 뜻합니다.

제3식인 상음想陰은 만상을 생각함을 뜻합니다.

제4식인 행음行陰은 생각을 굴림을 뜻합니다.

제5식인 식음識陰은 기억하고 잊어버리는 기망記忘을 뜻합니다.

바로 이 오음五陰의 오식五識은 사람만이 분명하므로 사람은 손과 발에는 손가락 발가락이 각각 다섯 개로 분류가 잘 되어 있습니다.

그래서 사람은 부모와 스승을 우러러볼 줄을 알고 사회를 두루 보살필 줄도 압니다. 아울러 수하를 굽어볼 줄도 압니다. 이 같은 심리를 도덕심道德心이라 합니다.

아, 보라.

동이족만은 숫자를 쓰는 요식부터도 태교학胎敎學입니다. 무슨 말인가 하면, 임신 일一·이二·삼三·사四개월까지는 태아가 숫자를 가로 눕혀서 쓴 것처럼 편히 가로 누워서 자랍니다.

그리고 오음五陰이 열리는 오식五識부터는 태아가 둔부를 아래로 하고 앉아서 자랍니다. 이 같은 태아의 생체처럼 한문의 숫자를 쓰는 요식이 오五 자부터 약간 세워서 육六, 칠七, 팔八, 구九, 십十 자를 모두 세워서 씁니다.

실제로 태아의 생태를 보면 첫 달부터 넉 달째까지는 태아는 약간 가로 누워서 자라다가 임신 5개월부터 태아는 약간 바로 앉아서 성숙해지다가 10개월이 되면 태아는 완전히 우에서 좌로 한 바퀴를 돌아서 어머니의 회음으로 출산을 합니다.

아, 보라.

이렇게 동이족에게는 숫자를 쓰는 자상字相에도 인생 철학이 있습니다. 그러므로 임신 5개월부터는 절대로 임부와 집안의 식구들까지도 무자비한 살생을 대금해 야 합니다.

만약 부모나 가족이 함부로 살생을 하고 더더욱 개고 기를 먹는다든가 존엄한 부모나 스승에게 불효를 크게 저지르게 되면 생아의 운명은 신불神佛도 어쩔 수가 없 습니다.

부모나 가족이 악덕을 저지르게 되면 산모는 그 산달 이 염라국이 될 수도 있습니다. 왜냐면? 태아가 거꾸로 나오는 바람에 산모가 죽을 수도 있기 때문입니다. 혹 악연의 불효자를 만나게 되면 태아가 제 어머니의 심장 과 간장을 걷어차기도 합니다.

임신 5개월부터는 태아가 오음五陰의 오식五識이 깨어

있기 때문에 부모가 선덕을 쌓으면 행운의 여신이 항상 그 집안의 문전을 잘 지켜주므로 산모는 자연히 순산을 하게 되고 집안의 흉액은 천만 리 밖으로 물러갑니다.

· · ● · ·

또 임신 6개월이 되면 비로소 사람에게만 있는 제6식이 열립니다. 제6식부터는 각성覺性의 여명인 마음으로부터 두루 깨닫고 아는 장식藏識의 식심識心이 열립니다. 장식藏識이 열리면 과거·현재·미래를 생각해 보는 예지가 있으므로 인간은 언어와 문자를 자유롭게 굴릴 수 있습니다. 이렇게 임신 6개월이 되면 태아의 몸에는 눈, 귀, 코, 혀, 몸, 뜻(六根)이 분명해집니다.

그래서 임신 6개월을 뜻하는 육六 자를 우리말로 여섯 근(六根)이 다 생겨서 열렸다는 뜻으로 '여섯'이라 읽고 있습니다.

그러므로 임신 6개월이 되면 태아는 육근의 육식六識이 발달하기 때문에 부모는 몸과 입과 생각을 거룩하고 아름답게 해야만 합니다. 그렇게 하자면 하다못해 천자문千字文이라도 읽고 불경佛經이나 성서聖書를 열심히들 읽고 외워야 합니다. 그래야만 천하에 잘난 미남 미녀의 아들딸도 얻고 온 세상이 사랑하는 현명한 자손을 얻게도 됩니다.

만약 이때에 부모가 십악十惡을 낙으로 삼았다면 저 자신은 말할 것도 없고 앞으로 태어날 그 손은 삶이 지옥이 됩니다. 이 일을 어찌하면 좋을고.

·· ● ··

또 임신 7개월이 되면 태아는 각성覺性의 여명인 마음에 제7식이 열립니다. 그러므로 태아는 부모의 일체 행위와 부모가 먹는 음식물의 맛도 식별을 합니다.

그래서 임신 7개월이 되면 부모는 구도자와 같이 살

아야 합니다. 그래야만 훌륭한 자식을 얻습니다.

만약 막행막식을 일삼고 고약한 성추행을 낙으로 삼았다면 자신도 목숨이 다하면 단박에 삼악도로 가지만 손들이 받을 부모 악연의 고리로 태어날 자식은 손발이나 혹은 오관이 다 비틀어지게 됩니다.

왜냐, 하늘이 싫어하고 귀신도 사람도 싫어하기 때문입니다. 그래서 혹 한 눈은 하늘을 보고 반대로 한 눈은 땅을 내려다보는 천지안天地眼도 됩니다. 혹은 임신부가 남편을 심히 미워했으면 태어날 자손의 눈은 좌나 우로 돌아가는 사시斜視가 됩니다. 혹은 제 부모나 친족은 남을 보듯 하면서 제 부부끼리만 죽고 못 사는 잉꼬부부라면 반드시 태아의 두 눈동자는 서로 마주보는 내시內視가 됩니다.

오늘날 인간 말살의 타락상은 끝을 모릅니다. 심지어 동성애자를 국법이 보호를 해주고 있습니다. 동성애의 과보로는 한 몸에 대가리가 둘이 달리는 기구한 과보를 받습니다. 그리고 또 혈족 간이나 제 자녀에게 음행을 범했다면 한 몸에 대가리가 둘 셋이 달리기도 합니다.

그것도 무량억겁 동안을 지옥고를 치르고 나서 어쩌다가 행운으로 인간의 몸을 받았을 때의 얘기입니다.

이렇게도 가련한 인생들을 앞으로 어쩌자고 국가의 미친 지도자들이 심지어 국법으로 동성혼을 합법화시킨단 말인가?

부처님과 예수님이 추상같이 대금을 하신 음탕 방탕한 성추행은 제발 멀리들 하세요.

지금 이 지구촌은 성직자도 교육자도 부모도 성추행을 지상의 낙으로 삼고들 있습니다. 세상이 이 모양이다 보니 지금 초등학생 3명 중에 두 명은 모두 주의력 결핍증에 과다 행동장애란 불치의 자폐증을 다 가지고 있습니다.

온 인류여, 그대들의 손들을 앞으로 어쩔 작정입니까?

지금이라도 우리 다 함께 성 해방 명상 운동을 저와

같이 좀 펴 봅시다. 음란한 성추행만은 저 부처도, 지엄하신 예수도, 살벌한 국법도, 어림도 없습니다.

필자가 이미 펴낸 『배꼽 밑에 지혜의 등불을 밝혀라』란 책에서 밝혔듯이, 수시로 성 욕구가 일어날 때에 제 자신의 미간에다가 월상관月想觀, 일상관日想觀을 집요하게 하는 순간 지독하게 '지랄용천'을 떨던 성기의 충동이 마치 연기처럼 사라지는 체험을 하게 될 것입니다.

이렇게 단 열 번만 체험을 꼭 해보세요. 그리고 나면 지지리도 달라 붙던 불같은 성욕이 마치 저 먼 산에 불을 보듯 해질 것입니다. 이렇게 자연스럽게 성욕이 객관화가 되어지는 명상수련을 하지 않고는 저 지독한 성욕을 벗어 던지는 성 초월의 성 해방의 지혜는 그 어디에도 없습니다.

· · ● · ·

임신 8개월이 되면 수승한 태아는 제8식의 함장식含藏識이 열립니다. 태아의 함장식含藏識에는 제 자신이 전생에 살아온 수천만 생의 기억이 모두 다 저장되어 있습니다. 그러므로 태아는 매우 특별합니다.

또한 뱃속에 든 태아는 마지막 인격 완성의 단계로 접어듭니다. 이때부터 태아의 몸에는 360골절骨節과 8만4천의 모공毛孔과 두부의 뇌세포까지도 10조9만 5천48개로 두루 넓게 확장이 됩니다.

그래서 임신 8개월을 의미하는 제 팔八의 팔식八識이 안팎으로 두루 넓게 확장됩니다. 이런 뜻으로 팔八 자를 우리말로 '여덟'이라 했습니다.

일반 보통 산모들은 동물성 괴로움을 모두 받지만 만약 수승한 태아는 어머니의 태중에 있으면서도 시방세계로 여행을 다닙니다. 그래서 산모는 몸이 가볍고 지극히 편안합니다.

그래서 임신 8개월에는 부모가 혹 무엇을 얻어 가지려고 하는 욕심을 대금해야 합니다. 만약 정치욕이나 부귀 덕재를 탐하면 삼대가 망합니다. 그러므로 제발 바보처럼 살다가 가세요. 세상에 똑똑하다는 저 대권주

자들이 얼마나 세상을 어지럽게 했습니까?

지금 그 손들은 어찌 되어 있습니까?

오히려 남에게 종이 되어 살다가 가세요. 그러면 조건 없는 행복이 충만해집니다.

•••••

또 임신 9개월이 되면 이때 비로소 남아는 아홉 구멍이 커지고 여아는 열 구멍이 커집니다.

이때에 수승한 사람은 본각本覺의 여명黎明인 진여식眞如識이라 이름 하는 제9식이 열립니다.

이때에 만약 부모가 좋은 선업善業을 쌓고 조용히 앉아서 명상을 즐겨 행했다면 태어날 생아의 다수는 깨닫는 각자覺者가 됩니다. 혹 바보같이 보이는 자식이라 해도 천하를 이롭게 할 과학자나 이름 없이 살다가 가는 현자賢者와 같은 자손을 얻습니다.

그 까닭은 진여식眞如識을 가진 사람은 제가 잘났다고 하는 사상四相(아상, 인상, 중생상, 수자상)이 거의 없기 때문입니다.

필자는 천상의 사천왕부터 위로 제석천왕, 그리고 저 높은 대범천왕까지도 멀리서 잘 친견을 해 보았습니다.

그런데 깜짝 놀라운 사실이 있습니다.

그것은 저 천왕님들은 위로 올라가면 갈수록 내가 누구란 사상四相이 전연 없었습니다. 말단 하등급에서 상등급으로 올라가면 갈수록 더더욱 인자한 자비로운 정으로 팔팔 끓습니다.

그러므로 세상 사람들이 혹 천왕들을 친견하게 된다면 잃어버렸던 부모님을 오랜만에 만나 뵈는 것과 같아서 저도 몰래 눈물이 비 오듯이 쏟아집니다. 저 천왕님들이 얼마나 자비로우신 분들임을 필자의 얘기를 통해서 꼭 알고나 사세요. 이 세상에서 제일 자비로우신 우리 부모님의 사랑으로도 비유될 수 없는 분들이 천왕님들입니다.

그런데 이 세상에 저 못돼먹은 나라의 군주나 더더욱 세월없이 남 탓이나 하며 나라를 어지럽게 한 저 몹쓸 정치꾼들하며 군복을 입은 장군들과 저 산중의 도사란 사이비들은 완전히 사상四相을 구족타 못해서 이미 저 독사의 큰대가리가 다 되어 버렸습니다.

이런 줄이나 알고들 저 몹쓸 정치꾼과 소문난 도인이나 사이비 교주들을 살모사 보듯이 피하고 사세요.

• • ● • •

임신 10개월이 되면 완전한 인격체가 되어서 세상 밖으로 출산을 합니다. 그래서 십十 자를 우리말로 '열십'이라 한 것은 태아가 열 달 만에 자궁을 열고서 시방세계인 세상 밖으로 나온다는 뜻으로 '열십'이라 했습니다.

보통 사람들은 다수가 태어날 때에는 다 기절을 했다가 깨어납니다. 그렇기 때문에 모두가 기절초풍을 하고 울면서 깨어납니다.

그러나 각자覺者나 현자賢者들이 세상 밖으로 태어날

때를 잘 보면 어머니의 자궁에서부터 두 손을 합장하고 순산을 합니다. 그렇게 공손히 세상 밖으로 나와서도 보통 일주일 이상을 선정에 들어가 있다가 세상의 상식권으로 돌아옵니다.

이때에 부모들은 죽은 아이로 착각을 할 수도 있습니다. 혹 복덕福德이 있는 집안에서 이런 손을 보거든 심히 조심해야 합니다.

저 독일의 유명한 니체는 태어나자마자 배꼽을 잡고 가가대소를 했다고 합니다.

하하하 (荷事世難이요)

허허허 (虛妄世事로다)

호호호 (年年好時로다)

그러나 혹 어쩌다가 전생에 원수가 제 자식으로 태어나는 수도 있습니다. 그래서 고인들의 말씀에,

"인생하처人生何處에 수원愁怨을 막결莫結하라.

노봉협처路逢狹處면 난해피難解避로다." 하였습니다.

제 어미의 자궁을 열고 나오는 순간부터 어미를 죽이려고 하는 자식도 혹 있습니다. 제 어미의 자궁으로부터 나올 때에 발부터 먼저 나옵니다. 이런 부류를 거꾸로 태어났다란 뜻으로 역산자逆産子라 합니다.

이 같은 역산자는 태어나면서 제 어머니의 오장오부를 발로 차기도 합니다. 그래서 이런 자식을 살모사殺母蛇 같은 자식이라 합니다.

요즈음 세상은 하도 살기가 좋아서 배를 예사로 째고 출산을 합니다. 하지만 옛날에는 출산을 하다가 산모가 많이 죽기도 했습니다.

필자는 지금 우리말 숫자의 고유명사에 숨어 있는 태교학을 찾아서 이야기를 펴내고 있습니다. 참고로 알아둘 정보가 또 있습니다.

보통 사람들보다 열 달을 넘기고 태어난 사람을 만삭

동이라 합니다. 이들은 다 훌륭한 대인과에 들어갑니다.

그리고 남녀가 별나게 다른 점은 몸통에 뚫린 큰 구멍이 다른 점입니다. 그 각별하게 다른 큰 구멍은 남자는 아홉 구멍밖에는 없습니다. 그런데 여인은 자궁子宮이 하나 더 있으므로 열 구멍이 됩니다.

그래서 남자들은 아홉 구멍을 상징한 아홉 구九 자처럼 서서 성기를 들고 소변을 쉽게 볼 수가 있습니다. 그러나 여인들은 열 구멍을 뜻한 십十 자가 되고 있기 때문에 계집 녀女 자처럼 꼬아 놓은 두 다리를 벌려야만 소변이 쉽습니다. 그래서 여인들은 불가피하게 땅바닥에 앉아서 소변을 보아야만 제일 편합니다.

그래서 고인들은 남녀의 이 같은 생리현상을 문자로 남존여비男尊女卑라 했습니다.

여기 남존男尊에서 높을 존尊 자를 상형문자象形文字로 풀어 보면 옛날 양반들이 갓을 쓰고 서서 자신의 성기를 들고 소변을 보는 형상의 높을 존尊 자가 되고 있습니다. 또한 여비女卑에서 낮을 비卑 자의 자상字相을 잘 보면 여인들은 일단 땅바닥에 앉아서 소변을 보아야만 편하다는 뜻의 낮을 비卑 자가 되고 있습니다.

그런데 저 무식한 정치꾼들은 남존여비男尊女卑를 가지고 남녀평등男女平等이란 개살구 같은 정치구호로 애용하고들 있습니다.

실로 남 탓에 미쳐서 춤추는 저 정치꾼들은 일체가 나 때문이란 뜻의 자유自由란 단어의 뜻도 모릅니다.

일체가 다 내 탓이란 자유自由를 일체가 다 남의 탓이란 타유他由로 '지 알 발광'을 떠는 바람에 지금 온 인류는 다 미쳐 있습니다.

또 저 민주民主란 뜻도 정치꾼은 까맣게 모릅니다. 민주民主란 백성은 먹는 것을 천주天主로 여긴다는 뜻으로 민주民主라 했습니다. 그러므로 민주주의民主主義란?

내가 지금 가지고 있는 내 몸과 내 가진 재물을 몽땅 저 백성들에게 베풀어 줌을 민주주의民主主義라 합니다.

그런데 지금까지 저 정치꾼들은 무슨 짓을 했습니까?
기가 막힌 사실은 정치꾼은 분명한 직업도 없습니다.

그러므로 저 정치꾼들은 제 식솔들도 제대로 먹여 살
리지를 못했습니다. 그 모양이니깐 자유自由와 민주民
主의 정의를 제대로 모릅니다. 정치 건달들은 그렇다손
치더라도 지금 이 나라에는 대학이 얼마나 많습니까?
그런데 대학의 총장들은 어째서 꿀 먹은 벙어리들입니
까?

왜? 자유自由와 민주民主의 정의를 바로 깨우쳐 일러
주지를 못합니까?

그런데 말입니다. 어떻게 남녀가 평등이 될 수가 있
습니까? 꼭 남녀가 평등하다고 고집을 하시려면 단박
에 서서 소변을 한번 보라 해 보세요.

지금 여기서 또 새롭게 반드시 바로 잡고 넘어가야
할 기생어가 있습니다. 그것은 여인女人을 여자女子로 잘
못 알고들 있습니다.

한번 잘 생각해 보세요. 우리 조선족의 비조 단군 할아버지도 사람을 바로 낳는 여인女人의 몸을 빌려서 이 세상에 태어났습니다. 그리고 저 종족의 모든 비조 할아비들도 하나같이 모두 여인女人들의 자궁을 빌려서 세상에 태어났습니다.

그래서 성씨姓氏란 성姓 자를 파자로 풀어서 보면 계집 녀女변에 날 생生 자를 써서 성姓 자가 되고 있습니다. 그렇다면 당연히 여인女人이라 써야 옳습니다.

그래서 태초부터 제 나라를 모국母國이라 했습니다.

그러나 지금도 제 모국을 조국祖國, 혹은 부국父國으로 쓰고 있는 나라도 있습니다.

세상에서 가장 존숭을 받아야 할 여인女人이란 고유명사를 언제? 누가? 여성도 남성도 아닌 여자女子로 둔갑시켜 놓았는지를 이 자리에서 밝혀 두렵니다.

삼세제불도 여성은 꼭 여인女人으로 호칭을 하셨습니다.

그런데 여인女人을 여자女子로 둔갑을 시켜 놓은 나라

는 저 일본 전쟁광들입니다. 하여간에 이 나라에 교육자 양반들도 한심하기가 짝이 없습니다.

어째서 한 번도 생각을 안 해 보십니까?

남성男性에게만 있는 정자精子란 자子는 여인女人에게는 붙을 수가 없습니다. 그런데 어떻게 여인女人이 여자女子로 개명이 될 수가 있습니까?

이렇게 못돼먹은 언어망발言語妄發을 함부로 한 나라가 있습니다. 저 일본입니다. 일본이 대동아전쟁 때 여인女人들을 잡아다가 통 큰 치마를 벗겨 버리고는 남정네들이 입고 막일을 하는 바지를 입혀서 막일을 시키면서 생긴 기생어가 여자女子입니다.

여인女人을 여자女子라 부른다고 해서 무슨 문제가 될까 싶지만, 아닙니다. 그 첫째 이유가 신성神性 모독입니다.

여성의 신성神性이란 무엇이냐 하면, 여인女人에게는 자궁子宮에 남성에게는 있을 수도 없는 일편단심一片丹心이 있습니다. 바로 저 일편단심一片丹心이 신성神性입니다.

그러므로 인류사에서 신성神性을 대표하는 신상神像들을 보면 모두가 여신상女神像으로 세워져 있습니다.

그런데 저 중동의 남신상男神像들은 모두 전쟁광들의 전쟁 기념비일 뿐입니다.

필자의 이 같은 직언에 혹 유감이 있다면 하나만 물어보겠습니다. 정말로 남정네에게도 일편단심一片丹心이 있습니까? 있다고 꼭 고집을 하시려면 저 동물의 왕국으로 잠깐 여행을 가 봅시다.

동물의 수놈들은 암놈이 발정기가 되면 수놈들끼리 대가리가 터지게 싸움박질을 합니다. 이렇게 죽기 살기로 결투를 해서 최후의 승자가 되었을 때만 저 힘없고 순박해 보이던 암놈이 제 몸을 최후의 승자에게 사뿐이 대어 줍니다.

고등동물의 남성은 저 짐승과 다를 것 같습니까? 똑같습니다. 남정네가 여성의 자궁 안에다가 한번 사정을 해서 쏟아 내놓은 정충은 약 20억이 넘습니다. 저 정충

精蟲들도 죽기 살기로 투쟁을 합니다. 결투를 해서 최후의 승자 하나만이 여인의 자궁 안에 있는 난자와 사붓이 결합합니다.

　그래서 세존은 일체 모든 생명들은 짐승과 하나도 다를 바가 없다고 해서 통칭 중생衆生이라 하셨습니다.

説堂

동요 천수관음

設堂時

우리엄마 손과눈은 둘이지만은
아들딸을 알뜰살뜰 보살필때는
눈과손이 천개라도 모자랍니다.
그러므로 우리들은 엄마사랑을
천수천안 보살이라 부른답니다.

우리엄마 손과눈은 둘이지만은
어린자식 아름답게 키우실때는
손과눈이 길이되고 빛이되어서
천만가지 재롱으로 보살핍니다.
그러므로 우리들은 엄마사랑을
천수천안 관자재라 칭송합니다.

우리엄마 손과눈은 둘이지만은
자식들을 훌륭하게 키우실때는
눈 -코뜰 사이없이 손발이닳고
불쌍하게 여기심이 우주와같네
그러므로 우리들은 엄마사랑을
대자대비 보살이라 부른답니다.

(길; 道, 재롱; 神通)

11

원이삼점圓伊三點과 3.14 얘기

불교 집안에서는 일체 만법이 다 들고 나오는 공여래장空如來藏의 심심 미묘한 뜻을 모든 사찰의 대웅전 지붕 편각인 삼각면의 안에다가 그려 놓았는데, 동그란 점 세 개를 삼각으로 꼭꼭 찍어 놓고는 그 주위로 동그란 큰 원을 그려 놓고 이를 원이삼점圓伊三點이라 합니다.

원이삼점

바로 이 원이삼점圓伊三點의 뜻을 세존께서는 이렇게 말씀해 두셨습니다. 열반涅槃과 반야般若와 해탈解脫은 삼위일체三位一體로서 서로는 대각의 위치가 바뀌어도 아무런 상관이 없다고 하셨습니다.

이 같은 원이삼점圓伊三點의 무량의는 일체중생의 마음이나 일체 만유의 성품이 모두가 저 우주 공간에 두루 가득히 충만되어 있음을 도표로 형설한 것입니다.

그런데 서양의 탈레스나 피타고라스 같은 철학자들은 세존이 밝히신 저 원이삼점圓伊三點의 뜻을 원주율圓周律로써 밝혀 두셨습니다.

그 원주율이 곧 '3.14'입니다. 어째서냐 하면?

가로, 세로, 수직의 삼점三點의 각角이 곧 삼차원이 됩니다.

바로 이 삼차원의 삼각三角의 공간상空間相은 곧 사차원이 됩니다.

바로 이 사차원의 공간상의 수리數理를 일사(14)라 했습니다.

왜냐면? 공간의 사방을 일사(14)라 했고 저 1에서 4까지의 수 1, 2, 3, 4를 다 더하면 곧 10(十: 0)이 되기 때문입니다.

그러므로 서양에서는 3.14가 곧 10(十: 0)인 십진법이 되고 있습니다. 바로 저 십진법에서 십十 자와 영0은 저 무변허공계(○)를 뜻합니다.

일체 모든 물성과 일체 모든 영성은 본래로 무변허공계에 두루 가득해 있기 때문입니다. 시방의 공간에 두루 가득해 있으면서 누가 무엇을 어떻게 하느냐에 따라서 일체의 모든 성품이 들고 나는 그 철리를 '3.14'라 했습니다.

그러므로 '3.14'는 곧 십진법이 되고 있습니다.

동양에는 일찍이 원형질圓形質로 생긴 불가사의한 공간상空間相을 십十 자로 완벽하게 잘 표현해 왔습니다.

그런데 서양의 탈레스와 피타고라스는 십자十字의 무

량의를 삼차원의 삼각에서 사차원의 공간상을 찾았습니다.

그 사차원의 공간상의 무량의를 불교 철학에서는 원이삼점圓伊三點이라 했습니다.

탈레스나 피타고라스와 같은 시기에 이 세상에 나오신 석가세존은 무엇보다 먼저 마음摩陰의 생원부터 잘 밝혀 두셨습니다.

왜냐면 마음이 곧 일체 만유의 창조주요 구세주이기 때문입니다.

그러므로 저 마음이 고요해서 생긴 저 무변허공계가 마음이 동전하면서 생긴 공색空色을 제 일一 '하나'라 하는 제1식 색음色陰이 생겼고,

색음色陰이 있음으로 이를 받아들이는 제2식인 수음受陰이 생겼으며,

받아들인 현상을 생각하는 제3식인 상음想陰이 생겼고,

또 그 생각을 굴리는 제4식이란 행음行陰이 생겼습니다.

생멸을 하는 행음行陰이 있음으로 이를 기억하고 잊어버리는 제5식인 식음識陰이 있게 되었습니다.

바로 이 오음五陰의 오五라는 수가 물리物理로는 무량수의 기본이 된다고 해서 5五를 기수基數라 합니다. 이와같이 5五라는 기수基數가 마음의 오음五陰으로 가서는 세계와 중생계를 먹었다 토했다 하는 색즉시공色卽是空 공즉시색空卽是色이라고 하는 진공묘유眞空妙有가 되었습니다.

진공묘유眞空妙有란? 일체 만법이 다 들고 나오는 공여래장식空如來藏識을 뜻합니다.

이와 같은 색즉시공色卽是空 공즉시색空卽是色인 진공묘유眞空妙有의 철리가 서양의 탈레스와 피타고라스에 의해 불가지수로 치부되고 있는 '3.14'가 되고 있습니다.

어째서인가. 중생의 영성이나 모든 물질의 성품만은 이쪽도 저쪽도 그 중간도 아니요, 아닌 것도 아닌 시시비비是是非非가 부정否定의 긍정사肯定辭인 곧 삼점(3.)이 되고, 또 저 일체의 영성이나 물성의 성품만은 허공계에 두루 가득해 있기 때문에 공간상空間相의 사방을 일사(14)라 했습니다. 일사(14)란 공간상의 사방의 숫자 1, 2, 3, 4를 다 더하게 되면 곧 10(十: ○)이 됩니다.

동양에서는 일찍이 십十 자로 공간상을 잘 표기했지만 서양에는 허공계를 상징할 만한 공간상의 문자도 없었고 공간을 상징한 도표도 없었습니다. 있다면 교수형틀로만 알고 있는 십자가十字架뿐입니다.

그래서 '3. 14'에서 사방을 숫자로 일사(14)라 했습니다.

일찍이 동양에는 공간상空間相의 14를 십十 자로 잘 표기해 놓았습니다. 그러므로 사방의 숫자를 빙 둘러서 1, 2, 3, 4를 다 더하게 되면 자연스럽게 10十이 되고 동시에 공간상空間相인 '○'이 됩니다.

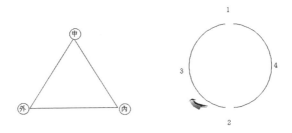

그러므로 불가지수 삼점三點 일사(3.14)에서 일사(14)는 곧 십十이 됩니다. 그리고 이 십十은 곧 사방을 빙 둘러서 다 더한 수가 되고 있으므로 곧 '3.14'는 우주 공간에 안과 밖과 중간으로 영성靈性이든, 물성物性이든, 무상無相이든 모두가 두루 충만해 있으면서 누가 무엇을 어떻게 하느냐에 따라서 일체 만법의 만류가 들고 나므로 이를 '3.14'라 합니다.

우주 공간상空間相인 영(○)도 되고, 영0의 철리를 기록한 십자十字가 됩니다. 이렇게 일체를 먹었다 토했다 하는 공여래장空如來藏을 십진법十進法이라 합니다.

알라.

저 원이삼점圓伊三點은 곧 '3.14'가 되고 있음과 동시에 십진법十進法이 되고 있음을 잘 알았을 것입니다.

그리고 또 수數의 철학哲學 얘기라면 B.C. 4500년 전의 기록인 「천부경天符經」이 있습니다. 81자로 되어 있는 「천부경天符經」의 서두에 보면 영0과 일一의 불가사의를 기가 막히게 잘 묘설해 놓고 있습니다.

'하나는 아무것도 없는 무극無極으로부터 비롯되었다.'라고 하는 뜻을 일시무시일一始無始一이라고 했습니다.

그리고 그 하나가 십진법으로 돌고 돌아서 마침내 세계와 중생계를 다 창조하고 나서 결국 저 세계와 중생계를 다 창조한 무량수를 훨쩍 벗어 던지는 지혜는 오직 마음 너머에 항상 부동하고 있는 각성覺性을 본 인간밖에는 할 수가 없다란 뜻을 이렇게 기록하고 있습니다.

'부동본심 본태양앙명 인중천지 일일종 무종일

不動本心 本太陽昂明 人中天地 一一終 無終一'

이라고 말입니다.

저 불가사의한 「천부경天符經」 문맥의 뜻은 다음과 같습니다.

근본 마음은 태양과 같이 밝고도 명묘하다.

본심本心은 영구부동하고 있는 본 묘각妙覺의 빛 각성覺性이다.

바로 이 본 묘각의 빛을 볼 수가 있는 존재는 하늘과 땅 사이에 오직 인간 밖에는 없다. 그러므로 저 밝은 묘각의 빛을 본 사람만이 영0과 일1을 무극無極의 공여래장空如來藏으로 돌릴 수가 있노라.

지구촌 개국 설화에는 오직 동이족만이 이와 같은 「천부경天符經」이 있습니다.

글자라야 모두 81자밖에는 없지만 태반이 일一에서

십十까지의 숫자로 기록되어 있습니다. 숫자로 우주물리와 정신철학인 깨달음의 절정까지도 다 기록되어 있습니다.

　더더욱 놀라운 내용은 저 우주 공간에 가득히 존재하고 있는 3321종의 원소와 원기가 오늘날 전자물리학으로 돌아가고 있음을 밝히고, 또한 금세기 물리학자들도 불가지수로 알고 있는 '3.14'와 저 영0과 일1의 오묘한 뜻을 저 「천부경天符經」에서는 81자로 다 풀어 놓았습니다. 심지어 깨달음까지도 숫자로 기록을 다 해 놓고 있습니다.

　필자는 일찍이 『지견智見』이란 책에서 난해불급한 「천부경天符經」을 쉬운 우리말로 다 풀어 놓았습니다.

說主

12

대학大學과 법法 자의 철리哲理

세상에는 대학도 깨알같이 많습니다. 그런데 그 대학大學의 총장님들도 그 대학大學이라는 이름의 정의定義도 명리命理도 분명히 모릅니다. 모르면서도 총장실에 앉아들 계십니다.

대학大學이란?

대방광학大方廣學에서 대大 자와 학學 자만을 따서 대학大學이라 했습니다. 그러므로 대학大學의 명리命理와 대학의 정의定義처럼 대학大學에는 다양한 분야의 전문

학과專門學科가 있습니다.

　그래서 대학에는 많은 전문학과의 학장님들이 계십니다. 이런 의미로 큰 대大 자에 모 방方 자에 넓을 광廣 자에 배울 학學 자를 써서 대방광학大方廣學이라 하고, 이 대방광학大方廣學에서 앞에 대大 자와 뒤에 학學 자만을 따서 대학大學이라 했습니다.

　그러므로 대학의 교수님이나 학생들은 반드시 머리 위에다가 의식확장을 뜻하는 사각모를 씁니다. 또한 저마다 희망에 따라서 다양한 학과를 선택할 수도 있습니다.

법法 자의 철리哲理

　법 법法 자 앞에는 반드시 삼 수氵변이라고 이름 하는 물 수氵 자가 붙습니다. 저 삼 수氵 변에다가 또 갈 거去 자를 쓰고 있습니다.

　그 뜻은 일체 만법은 높은 곳에서 낮은 곳으로 물이

흐르듯 자연스럽게 흐른다는 것이 법이란 뜻입니다.

　법法 자의 심오한 뜻은 또 따로 있습니다. 법法 자의 앞에 삼 수氵가 붙어 있으므로 물인 수소 원소의 색은 본래로 검습니다(玄). 그러므로 법관들의 법복은 흑색입니다.

　그리고 또 저 갈 거去 자를 파자로 풀면 옳고 그름을 밝힌다는 뜻의 선비 사士 자 밑에 사사로움(厶)을 멀리한다는 뜻의 사사 사厶 자가 붙고 있습니다.
　그러므로 법관法官은 사사로운 부모님의 마음인 자비慈悲와 천심天心인 민심民心을 멀리해야만 합니다.

　검사檢事, 판사判事라 할 때는 일 사事 자를 쓰고 변호사辯護士만은 선비 사士 자를 씁니다. 그 까닭은 원고와 피고 사이에 얽히고설킨 사사로운 정황을 변론해야 하기 때문입니다. 그런 뜻에서 사사로울 사厶 자 밑에다가 양면을 의미한 사람 인儿 자를 쓰게 되면 진실로 윤允

자가 됩니다. 그러므로 재판에서 변호사가 없으면 판결을 못한다는 법규 때문에 국선변호법國選辯護法이 있습니다.

또한 저 법 법法 자에 사사로울 사厶 자가 삼각모三角帽가 되고 있기 때문에 법관은 반드시 삼각모를 써야만 합니다. 바로 저 법 법法 자의 삼각모의 무량의 때문에 검사檢事는 반드시 현행법의 한 면만을 보아야 하고, 판사辦事는 피고와 원고의 법리를 살펴야 하기 때문에 양면을 보아야 하며, 저 대법관大法官은 피고와 원고와 판례의 정황을 살펴야 하므로 반드시 삼면을 살펴야 합니다.

그러므로 법 법法 자에는 진실로 윤允 자를 뜻하는 사사로울 사厶자가 말단에 붙어 있습니다.

보다 높고 깊고 넓은 법 법法 자의 심오한 뜻은 또 따로 있습니다.

우선 법法 자 앞에 삼 수氵의 뜻은 첫째로는 인연화합으로 일어나고 있는 세간법世間法을 뜻합니다. 두 번째

선비 사士 자가 가지고 있는 뜻으로는 시시비비를 멀리하는 출세간법出世間法을 뜻합니다. 그리고 세 번째로는 나 좋고, 누이 좋고, 매부도 좋은 중용中庸을 뜻하는 최상승법最上乘法입니다.

그리고 또 법法 자에 삼 수氵가 붙은 본뜻은, 물은 꽁꽁 얼게 되면 반드시 육각이 됩니다. 그러므로 법에는 '누가? 언제? 어디서? 무엇을? 어떻게? 왜?'라고 하는 육하원칙六何原則을 기본으로 했기 때문에 법전法典은 육법전서六法全書가 전부입니다.

또한 저 법관들의 법복에는 동양 법가東洋法家의 성자 한비자韓非子를 숭모한다는 의미로 외투의 앞가슴에 아닐 비非 자의 문양을 새기고 있습니다.

비非 자의 높고 넓은 뜻은 육부정六否定의 긍정사 시시비비是是非非를 뜻합니다. 그래서 한비자도 자기가 만든 법에 걸려서 죽었습니다. 그러므로 천하에 반드시 갖지 말아야 할 직업이 있다면 법관일 것입니다. 필요

악의 법관은 절대로 하지 말아야 옳게 살다가 갑니다.

반대로 천하에서 꼭 가져야할 법은 묘법妙法입니다. 묘법妙法은 무량한 관용을 베푸는 무량대비심법無量大悲心法입니다.

그러나 세상에 저 많은 법관들이 만약에 자신의 가슴 속에다가 부모와 성인의 마음을 가지게 되면 단박에 사직서를 제출해야 합니다. 법관의 가슴속에는 만고부동의 묘법妙法이 있을 수 없습니다. 說호

13

비조鼻祖 이야기

모든 씨족의 시조 할배를 한문漢文 글자로는 코 비鼻 자에 조상 조祖 자를 써서 비조鼻祖라고 합니다.

　왜 하필이면 코 비鼻 자를 쓴 비조鼻祖라 하느냐 하면 코 비鼻 자같이 생긴 정충 한 마리가 변화를 거듭해서 마침내 사람이 되었기 때문입니다.

　세상의 모든 종족의 비조 설화를 보면 모두가 태胎로 난 태생과, 알卵로 난 난생과, 습濕기로 난 습생과, 변화(化)를 해서 생겨난 화생들입니다.

박씨朴氏 비조인 혁거세赫居世는 태생胎生입니다.

그리고 경주慶州 김씨金氏의 비조는 김알지金閼智로서 난생卵生입니다.

저 백제의 온조왕溫祚王은 습생濕生입니다.

그리고 저 경주慶州 이씨李氏의 비조는 화생化生 설화로 전해옵니다. 이를 사생四生이라 합니다.

이 자리에서는 지금 이 필자의 천씨千氏 비조 할배와 중시조中始祖이신 천千 자 만萬 자 리里 자 할아버지의 이야기를 좀 해둘까 합니다. 왜냐하면, 우리 천씨千氏 집안은 너무나 기가 막힌 역사를 살아 왔기 때문입니다. 어느 종족도 받지 못한 화산군華山君이란 군호君號까지 받은 천씨千氏가 어찌 상놈 취급을 받고 살아 와야만 했을까요?

그것도 조선朝鮮 역사에서 군호君號까지 받은 양반 중에서도 최고 양반 계급인 천씨千氏 가문이 왜? 어째서 온갖 박해를 지독하게도 받고 살아 와야만 했는가를 이자리에서 밝혀 두렵니다.

천씨千氏의 본은 중국 허난성 영양潁陽입니다.

천씨千氏 비조 할배의 성명姓名은 일천 천千 자에 바위 암巖 자입니다. 비조 할아버지는 동방의 성인이신 공자님과 같은 시기에 태어난 노魯나라 사람입니다. 노魯나라는 주周나라를 섬기던 제후국입니다. 그때에 천千 자 암巖 자 할아버지는 노魯나라의 무장으로서 무제를 도와 노국魯國을 건국한 일등공신이었습니다.

노국魯國을 세운 무제께서 논공행상을 내리시는 과정에서 천하장사인 할아버지께 "그대의 성姓은 무엇이고 이름(名)은 무엇이냐?"라고 물었다고 합니다. 무제께서 성명을 묻자 놀라운 답변을 하셨습니다.

"소생은 성姓도 없고 이름(名字)도 없는 사람입니다."

그러자 무제께서는 너무나 놀라워하시면서 다시 묻기를

"그러면 그대는 도대체 어디에서 살다가 왔는고?"라고 하시자 할아버지는 "저 태산泰山에 있는 천길봉 만인암千佶峰萬忍巖이란 바위 밑에서 살다가 왔습니다."라고 하였습니다.

"그렇다면 그대의 성姓은 천길봉 만인암千佶峰萬忍巖에서 위에 첫 글자인 천千 자를 따서 천씨千氏로 하고 아래 글자 암巖 자를 따서 이름을 암巖으로 하라."

이와 같은 족보 고사의 기록으로 미루어 생각해 본다면 우리 천千씨 비조鼻祖 할아버지는 중국 허난성에서 최고의 명산인 태산泰山의 정기를 받고서 안개처럼 우연 발생적으로 화생化生을 하신 화생설화가 되고 있음을 알 수 있습니다.

그리고 지금 필자의 중시조中始祖 할아버지는 천千 자 만萬 자 리里 자이신 천만리千萬里 할아버지십니다.

중시조 할아버지께서는 청년기에 이미 명明나라에서 시행했던 국가고시인 문과文科와 무과武科를 다 장원급제하셨다고 합니다. 그런데 중국에서 양과를 다 장원급제하신 할아버지께서 지금 이 조선 땅에 오시게 된 계기는 임진년에 일본이 일으킨 조선침탈의 왜란 때였습니다.

그때 할아버지는 명나라 지원군 총사령관인 이여송 장군과 함께 도총사령관都總司令官으로 오셨다는 기록이 있습니다.

그런데 할아버지는 처음부터 조선을 무척 사랑한 친한파로서 왜병과 오랜 전쟁의 역경을 치르는 과정에서 총사령관인 이여송 장군과는 너무나 사상이 맞지 않았다고 합니다.

이여송 장군은 외면으로는 조선의 지원군 총사령관이었지만 내심으로는 일본 장수들과도 은밀히 친교를 나누고 있음을 할아버지는 알고 계셨다고 합니다.

이러한 사실에 할아버지는 이여송 사령관을 심히 못마땅하게 생각하셨고, 이여송 장군 역시 심히 못마땅히 여기다 못해 결국 할아버지를 본국으로 추방시켜 버렸습니다.

할아버지께서 본국으로 추방을 당하신 그 시기에 하필이면 조선 수군의 대명장이신 이순신 장군도 조선의 왕인 선조로부터 상상을 불허하는 수모를 당하고 계셨습니다.

이런 와중에 왜놈들이 또 정유년에 다시 재침을 해 왔습니다. 그러자 명나라 지원군 사령부에서는 할아버지를 총독부 사령관으로 다시 부르셨다고 합니다. 그때 할아버지의 첫 부임지가 지금의 부산진釜山鎭입니다.

지금 부산진釜山鎭이란 지명도 왜란 때 명나라 지원군이 진鎭을 치고 머문 곳이란 뜻에서 유래한 것이라 합니다. 그러므로 지금도 부산진釜山鎭에 있는 자성대子城臺에는 천만리千萬里 장군 할아버지의 비석이 서 있습니다. 이때 할아버지는 이순신 장군을 음으로 양으로 크게 도우신 기록이 있습니다.

왜놈들이 결국 패전敗戰하고 물러간 후에 우리 할아버지께서는 조선의 선조대왕을 찾아뵙고는 조선 땅에 머물러 살고 싶다는 귀화의 뜻을 밝히셨다고 합니다.

그러자 선조께서 너무나 반가워하시면서 하신 말씀의 기록이 있습니다.

"장군은 나와 의형제義兄弟를 맺읍시다."

그리고는 즉석에서 중국의 중원에 있는 천하에 대명산인 화산華山의 이름인 빛날 화華 자를 따서 화산군華山君이란 군호君號를 주셨습니다.

'화산군 충장공 천만리華山君 忠壯公 千萬里'라고 하는

참으로 명예로운 군호君號를 선조께서 내리셨던 것입니다. 군호까지 주시고는 지금 전북 남원 고을에 상주해서 잘 살 수 있도록 농토와 시종들까지도 두루 배려를 해 주신 상세한 내용의 기록이 조선왕조실록에 다 있습니다.

그런데 어째서 연산군燕山君, 대원군大院君 하는 군호君號까지 받으신 우리 천씨千氏를 '천방지추마골피千方地秋馬骨皮'라 해서 저 상놈 7성七姓 중에서도 제일 일등의 성으로 취급을 받아야만 했을까요?

중시조 할아버지께서 본국인 명나라로 돌아가시지 않은 것은 비조 할배로부터 중시조가 되시는 만萬 자 리里 자 할아버지까지 무려 11대를 손이 아주 귀한 독생자로 이어져 왔다고 합니다.

그래서 조선 지원군 사령관으로 오시면서도 아들 두 형제를 데리고 조선에 오셨던 것입니다. 할아버지는 아무래도 명明나라가 망할 것도 이미 아시고는 아들 형제와 조선에 귀화를 하셨던 것입니다.

진작 할아버지는 저 몽고의 칭기즈칸의 후예 원세

개元世凱에게 명明나라가 망할 것도 아시고 계셨습니다. 그래서 조선에 귀화를 하신 것으로 필자는 알고 있습니다.

왜란이 끝난 그 무렵에 명나라는 원세개에게 망했습니다. 국명을 청淸나라로 개명한 원세개는 조선까지도 청나라 속국인 식민지로 통치를 했습니다. 그 식민통치도 무려 37년간을 겪어야만 했습니다.

이때에 청국의 통치권자들이 조선 땅에 살고 있는 중국 사람으로서 계급이 제일 높은 씨족부터 잡아들이라는 엄명을 내렸습니다. 이렇게 되고 보니 자연히 최고 양반인 천씨가 최고의 상놈으로 졸지에 둔갑이 되어 버렸던 것입니다. 청국이 지칭한 상놈의 서열을 속칭 천방지추마골피千方地秋馬骨皮라 했습니다.

세상에 최고의 명예로운 군호君號까지 받은 천씨千氏를 상놈 서열의 일번지로 만들어 가지고 원세개 족벌들이 심지어 살육까지도 서슴지 않았습니다.

이 지경이 되고 보니 천씨 집안은 죽기 살기로 37년간을 도망만 다녀야 했습니다. 그래서 지금도 심산유

곡이나 무인절도에는 천씨 성을 가진 분들이 혹 있습니다.

그래도 저 비조 할배의 유전자 덕분으로 머리 나쁜 천씨는 없다고 하는 천무두재千無頭才란 세평 덕분으로 우리 천씨 집안은 세상에 몹쓸 짓은 안 하고 잘들 살아왔습니다.

그런데 우리 후손들 중에는 천씨千氏의 본本이 중국 영양潁陽인 줄을 잘 모르시는 분들도 혹 있습니다. 그래서 할아버지의 화산군華山君이란 군호에서 화산華山을 본으로 잘못 알고 계시는 분들도 혹 있습니다.

그리고 또 성씨인 천千씨의 천千 자를 하늘 천天 자로 개성을 하신 분들도 혹 계십니다. 이는 하나도 문제가 될 것이 없습니다. 무엇보다 이 자리에서 우리 집안 어른들께 부탁 말씀을 드립니다. 다름 아니라 족보에 할아버지의 군호君號인 빛날 화華 자가 꽃 화花 자로 잘못 기록되어 있는데, 이를 빛날 화華 자로 꼭 바로잡아 놓기를 부탁드립니다.

지금 필자는 우리 천씨千氏 집안의 비사만 얘기를 했습니다만 사실은 저 고려 왕건王建의 후손인 왕씨王氏네의 사연도 기구합니다. 조선의 종족 말살론자들의 잔인무도한 살인 정책으로 얼마나 곤혹을 당했습니까?

오죽하면 왕씨王氏의 후손들은 죽지를 않으려고 왕王자 옆에 점 하나를 꼭 찍어 놓고는 본 성인 왕씨王氏를 옥씨玉氏로 개성을 하기도 했습니다.

그 대표적인 사례로는 지금 저 바다 건너 거제도 옥포玉浦에 살고 있는 옥씨玉氏 집안의 애사입니다.

조선조 때 왕씨王氏네가 죽음을 피하려고 허겁지겁 도망을 친 섬이 육지에서 가장 가까운 거제도巨濟島였습니다.

그래서 거제도 옥포 이웃 마을에는 지금도 옥씨玉氏 집성촌이 있습니다. 보다 더 먼 고구려 시조 고주몽高朱蒙의 그 후손들인 고씨高氏 집안은 편했나요? 아니올시다. 지금도 고씨네는 두 성씨로 둔갑이 되어 있습니다.

그러므로 제발 사람이 다 해먹고 살아도 천하에 몹쓸 저 정치는 절대로 하지들 마세요.

맥아더麥芽多 원수의 전생은 이순신 장군

이 자리에서 맥아더 원수는 다름 아닌 조선의 명장 이순신 장군이란 역사적 사실을 기록해 두렵니다.

저 바다 건너 일본 사람은 그 근본 뿌리가 아누이족이라 합니다. 그래서 그런지 고금 없이 수만 생을 전쟁을 일삼아 왔습니다.

세계 어느 민족보다도 조선족을 너무나 못살게 했습니다. 마침내 저 몹쓸 제국주의 근성의 업보로 결국 천벌인 원자탄도 맞고 그 누구도 아닌 전생의 이순신李舜臣인 맥아더麥芽多 원수의 발아래 일본 천황이 큰절을 올리기도 했습니다.

맥아더 원수의 발아래로 일본의 유일신인 천황이 허리와 머리를 굽혀 수없이 올리는 절의 숫자가 정확히 38번이었다란 숫자 기억의 전설도 있습니다.

마침내 맥아더 원수의 군홧발에서 일본 천황은 세계 만방의 온 인류에게 종이 되어 살겠노란 항복降伏을 했습니다.

맥아더 원수의 전생인 이순신 장군이 차고 다니셨던 대 장검의 칼자루에 자신이 손수 기록해 두었던 '맹산초목지盟山草木知요, 서해어룡동誓海魚龍動'이란 기록이 지금도 그대로 있습니다.

이순신 장군은 그 칼자루의 오랜 숙원을 금세기에 보리장군이란 맥아더 원수로 오셔서 동이족의 동족상잔의 슬픈 6·25도 잘 정리를 해 두시고 조용히 입적을 하셨습니다.

입적을 하시면서 내 전생은 노병인 이순신이란 사실을 은유한 '노병은 죽지 않는다'란 유명한 명언을 남기시기도 했습니다. 실로 오고갈 데도 없는 무주 보살들은 죽음이 아닌 입적入寂을 하십니다.

맥아더 자신이 전생에 기록한 칼자루의 맹세와 발원의 기록문의 뜻은 이와 같습니다.

"내 맹세를 하노니 내 원한이 풀리는 그날에는 산천초목이 벌벌 떨 것이요, 저 바다에서 내 서원이 풀리는 그날에는 사해 바다의 전함들이 용천을 할 것이로다."

바로 '맹산초목지盟山草木知요, 서해어룡동誓海魚龍動' 이란 글귀의 본뜻입니다.

제국주의 근성을 짐짓 못 버린 일본은 정유년에 다시 조선을 재침입했습니다. 하지만 결국 이순신 장군에게 괴골 망신을 당했습니다.

이와 같은 이순신 장군의 이적과 기적은 이미 생사를 초월한 각성에 머문 각자들의 불가사의한 신통력입니다.

그러므로 이순신 장군은 잠깐 멸진정滅盡定에 머물고 계시다가 곧바로 미국의 맥아더로 탄생을 했습니다.

저 일본이 또 2차대전을 짐짓 일으키자 마침내 맥아더 원수는 대승을 했을 뿐만이 아니라 저 몹쓸 조선족의 동족상쟁의 6·25도 보리가 논밭에서 썩어서 새싹이 돋듯이 인천 상륙작전에서 대승한 것입니다.

이렇게 이순신 장군은 일본이 일으킨 세계대전 때는 맥아더 원수로 현신을 하셔서 오랜 숙원을 다 풀었습니다.

필자의 이 같은 전생담에 혹 유감이 있다면 하나만 반문을 해 보겠습니다.

사람은 누구나 하루 종일 하던 일과를 다 마치고 밤이 되어서 잠이 깜박 들면 찰나에 감쪽같이 하루 종일 일하고 살아온 현실이 온데도 간데도 없어집니다.

하지만 다시 잠이 깨면 그제의 일이 지금 현실과 다름없이 환히 다 기억이 새로워집니다. 이래도 전생이 없단 말입니까?

모두 꿈 좀 깨이소! 일체중생은 모두 마음의 속성인 의식意識과 잠재의식潛在意識과 무의식無意識 속에서 꼼짝을 못합니다.

그러므로 마음을 벗어 던진 저 각성으로 항상 존재하고 있는 이순신 장군이나 맥아더 원수 같은 깨달음의 각성의 정신세계를 가지신 분들을 어찌 알겠습니까?

그러나 비록 자신의 전생은 보고 알지는 못해도 그래도 자신이 잠들면 현실이 감쪽같이 없어졌지만 그래도 다시 잠이 깨고 나면 그제의 과거사가 지금 현실같이 사실로 환기가 됨을 미루어 본다면 감히 누가 어떻게 전생이 없다고 무식한 고집을 하겠습니까?

조선 전래의 속어에는 '보리장군'이란 말이 예전부터 전해 왔습니다. 그래서 맥아더麥芽多를 한문으로 보리 맥麥 자에 싹틀 아芽 자에 많을 다多 자를 씁니다. 저 다 多 자를 이두발음으로 '더'라 합니다.

이조 때 이순신 장군은 금생에는 별을 다섯 개나 단 '맥아더' 원수元首로 환생을 하셔서 가장 어려운 난세를 잘 정리하시고는 조용히 저쪽으로 가시면서 남기신 유명한 명언이 있습니다.

'노병은 죽지 않는다'란 그 노병老兵은 바로 자신의 전생 얘기입니다. 전생에 바로 노병老兵인 이순신李舜臣 장군이었다란 뜻을 은유한 말씀입니다.

바로 저 노병老兵의 군홧발 아래 일본 천황이 무릎을 꿇고 '맹산초목지盟山草木知요 서해어룡동誓海魚龍動'이란 이순신 장군의 옛 숙원을 일본 천황이 스스로 천하만방 天下萬方에 다 보이고 들려 주었던 것입니다. 說主

[終]

자비의 눈물

이제는 그만 울어야지
그만 울어야지
하는데도
자꾸만 눈물이 나네요

나는 눈물이야
오죽 하랴만
그래도
이제는 그만 울어야지

명상瞑想

고요히 앉아라
몸의 긴장을
푹 놓아라

오리라
숱한 번뇌가

보라
그 번뇌를
관람자가 되어라
보는 자가 되어라

기다리라
오리라

슬기로운 침묵이

님과 같이

오리라

환희의 고요가

그대일러라

산성할아버지 강의 유튜브로 보기!

하나. 스마트폰에서 ▶ 버튼을 누른다. ♪

둘. 오른쪽 상단의 🔍 버튼을 누르고 **설원천명일** 입력 후 🔍 버튼을 누른다.

← 설원천명일 ×

셋.  을 누르고 구독 버튼 클릭.

넷. 홈 동영상 재생목록 커뮤니티 에서 클릭하면 이제까지의 다양한 강의를 다 볼 수 있다고 한다!!

할아버지 책내용 맛보기(feat. 테마강의)

하나. 오늘도 ▶ 에 들어간다.

두울. 🔍 버튼을 누르고 **뉴스워크** 를 입력한다.

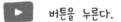

셋. 역시 을 누른 후 구독 버튼을 누른다.

넷. 상단의 재생목록을 누르면 뉴스워크의 동영상목록이 나온다.

다섯. 여러 목록 중에 <u>**산성할아버지 가라사대**</u> 나 <u>**마음 이나 알자**</u> 혹은 <u>**절로가는길**</u> 시리즈를 눌러서 보면 된다.

자, 여기까지 따라오셨으면! 기본설정이 다 되었으므로,

다시 들어가셔서 보실 때에는 버튼 누르고,

우측 하단 버튼을 누르면, 버튼이 나옵니다.

요것을 클릭하면 바로 이동된답니다~

꿀팁하나! 좋아요 누른 동영상만 따로 볼 수 있다는 사실!

우측하단 버튼을 누르시면, <u>좋아요표시한동영상</u> 이라고 따로 목록이 뜹니다.

☆★ 좋아요 와 댓글은 할아버지의 피로회복제입니다^-^!